LES
IVRESSES

ou

LA CHANSON DE L'AMOUR

COMÉDIE EN QUATRE ACTES

PAR

THÉODORE BARRIÈRE ET LAMBERT-THIBOUST

PARIS

MICHEL LÉVY FRÈRES, LIBRAIRES ÉDITEURS

RUE VIVIENNE, 2 BIS, ET BOULEVARD DES ITALIENS, 15

A LA LIBRAIRIE NOUVELLE

—

1863

LES IVRESSES

 OU

LA CHANSON DE L'AMOUR

COMÉDIE

Représentée pour la première fois, à Paris, sur le théâtre du Vaudeville
le 13 octobre 1862.

Imprimerie de L. TOINON et Cie, à Saint-Germain.

LES IVRESSES

OU

LA CHANSON DE L'AMOUR

COMÉDIE

EN QUATRE ACTES

PAR

THÉODORE BARRIÈRE et LAMBERT-THIBOUST

PARIS

MICHEL LÉVY FRÈRES, LIBRAIRES ÉDITEURS

RUE VIVIENNE 2 BIS, ET BOULEVARD DES ITALIENS, 15

A LA LIBRAIRIE NOUVELLE

—

1863

Tous droits réservés

<h1 style="text-align:center">PERSONNAGES</h1>

ANDRÉ DE FUGÈRES. . . . . MM. FÉLIX.
FAUSTIN GUIBERT, ancien tuteur de
  Georges. . . . . DELANNOY.
LE COMTE GEORGES DE LIMOURS.   F. FEBVRE.
RICHARD DE CELVES, capitaine aux
  lanciers de la garde. . . . . NERTANN.
LE DUC DE LA TOUCHE-MÉZERAY.   MUNIÉ.
HIPPOLYTE, neveu de Guibert. . . . . SAINT-GERMAIN.
LE MARQUIS DE VERVEDA. . . .   CHAUMONT.
HENRI DE FRANCHETERRE, gentil-
  homme campagnard. . . . .   PAUL CLÈVES.
RODOLPHE DE PUITJALLON. . . .   COLSON.
DOMINIQUE. . . . .   BASTIEN.
UN DOMESTIQUE. . . . .   ROGER.
PAULA PAZZI, COMTESSE DE LI-
  MOURS, femme de Georges. . . . . . Mmes FARGUEIL.
LA COMTESSE ÉVA DE RONZOFF,
  jeune veuve. . . . .   DERIEUX.
HÉLÈNE, femme du marquis de Verveda   FRANCINE CELLIER
ESTELLE, BARONNE DE MENIO-
  LES (mari absent) . . . .   MARIE BRINDEAU.
MARIE DE LIMOURS, sœur de Georges.   ANGÈLE BRÉMONT.
MADELEINE, fille de Georges et de
  Paula. . . . .   LA PETITE EUGÉNIE
UNE FEMME DE CHAMBRE. . . . .

De nos jours. Les trois premiers actes chez Georges de Limours.
Le quatrième chez la comtesse de Ronzoff.

Toutes les indications sont prises de la gauche du spectateur. Pour la
mise en scène détaillée s'adresser à M. Brierre, souffleur-copiste. Pour la
musique à M. Pillevestre, chef d'orchestre, tous deux au théâtre.

LES IVRESSES

OU

LA CHANSON DE L'AMOUR

ACTE PREMIER

Au château du comte de Limours

Une terrasse couverte descendant au parc qui domine une vallée. — A droite, premier plan, une aile du château avec fenêtre à balcon, cachée à demi par les clématites et les roses du Bengale. Au fond, un double escalier en pierre conduisant au parc. — A gauche, des arbres rejoignant ceux qui cachent le reste du château. — Au loin la Loire et ses rives. — A gauche un banc, une chaise; à droite une table, tabourets.

SCÈNE PREMIÈRE

PAULA, MARIE; Paula est assise à gauche, un livre à la main, Marie semble rêver à demi penchée sur l'appui de la terrasse. On entend au loin le son du cor *.

PAULA, qui regardait Marie, après un assez long silence.

Ta pensée voyage, Marie?

MARIE, s'éveillant

Oui.

PAULA, souriant.

Où va-t-elle?

* Paula, Marie.

4

MARIE.

Elle va au-devant de monsieur mon frère; et je me demande quel plaisir il peut trouver à courir ainsi tout seul à cheval, les bois et les vallées, à la poursuite de ces pauvres chevreuils qui ne lui ont jamais rien fait.

PAULA.

Oh! les gentils animaux auxquels ta pitié s'intéresse n'ont pas grand'chose à craindre de mon mari; Georges n'est pas un chasseur bien féroce.

MARIE.

Non, c'est vrai, mais alors, qu'est-ce qui le pousse donc à partir ainsi, dès le lever de l'aurore avec sa bruyante meute qui, chaque matin, me réveille en sursaut?

PAULA.

Le besoin d'exercice probablement.

MARIE.

Le fait est que M. de Limours ne saurait tenir une heure e place. Ainsi, à peine est-il assis qu'il se lève. C'est tout au plus s'il nous laisse le temps de dîner, et il passe la moitié des nuits à se promener dans son appartement à la lueur des bougies, ou dans le parc à la lueur des étoiles. On dirait un lion en cage.

PAULA, à part.

Oui, c'est vrai.

MARIE.

C'est nerveux, cela. Dis donc, Paula, qu'est-ce qu'on pourrait donc bien lui faire boire pour le calmer?

PAULA, avec une émotion contenue et s'efforçant de sourire.

Georges avait autrefois une existence des plus... actives. Il voyageait sans cesse, et... les horizons de notre Touraine sont peut-être trop bornés pour sa vue, habituée jadis aux horizons sans limites.

MARIE.

On ne peut pas, cependant, passer sa vie à découvrir l'Améri-

rique. Ah ! bien, nous ne nous ressemblons pas mon frère et moi ;
et si j'étais petit oiseau, à moins qu'on ne me donnât congé, je
suspendrais toujours mon nid à la même fenêtre.

PAULA.

Et... cette fenêtre-là... on la voit d'ici, n'est-ce pas ?

MARIE, souriant.

Non, pas d'où nous sommes, l'église la cache.

PAULA, après un silence.

Tu l'aimes donc bien ?

MARIE.

Oh ! de tout mon cœur, puisque tu me l'as permis... Mais... s'il
ne m'aimait pas, lui ?

PAULA.

Enfant, si je n'avais pas été sûre de son cœur, si je n'avais pas
pu y lire ce que je lisais dans le tien, est-ce que je n'aurais pas eu
soin de te guérir de ton amour quand il en était temps encore ?

MARIE.

Oh ! c'est qu'il a été bien vite trop tard !

PAULA, souriant.

Vraiment ?

MARIE.

Est-ce que c'est mal ce que je viens de dire là ?...

PAULA.

Non, ma chère petite. Laisse parler ton âme ici, et n'aie jamais
de secrets pour nous.

MARIE.

Oh ! je n'en aurai jamais, et n'en ai jamais eu. Ainsi, quand j'ai
senti que j'allais aimer M. Henri de Francheterre, je vous l'ai dit
tout de suite. Vous ne m'avez pas grondée, alors j'ai continué, et
maintenant, c'est fini, je l'aime tout à fait.

PAULA, riant.

Tout à fait ?

MARIE.

Oui, il est si bon ! si loyal ! M. Henri... Et c'est qu'il est aimé, honoré de tous, et de vous-mêmes n'est-ce pas ?

PAULA.

Oui, oui, Marie... Et ton frère et moi je te le répète, nous verrons ce mariage avec plaisir.

MARIE, en confidence.

Oh ! quel bonheur ! Dis donc, Paula, nous nous marierons dans la vieille église là-bas. Ce doit être d'un bon augure de se marier dans une église qui date du temps des Croisades.

PAULA.

Pourquoi donc ?

MARIE.

Parce que ce temps-là était celui des fidélités éternelles.

PAULA.

En vérité? Et où as-tu vu cela ?

MARIE.

Dans un vieux livre de chevalerie que j'ai pris en cachette dans la bibliothèque de Georges.

PAULA.

Mais ce n'est pas bien cela, Marie !

MARIE, honteuse.

Je ne savais pas.

PAULA.

Mais si fait, puisque tu l'as pris en cachette ?

MARIE, franchement.

Ah ! oui!... c'est vrai ! Je ne le ferai plus, va !

PAULA.

Ah ! chère petite, que je t'aime!

MARIE.

Le beau mérite. Moi, je t'adore, et c'est bien drôle. Je crois que

je vous chéris plus encore mon frère et toi, depuis que j'aime
M. Henri. Oui, depuis ce temps-là, on dirait que toutes mes sensations sont doubles, il me semble que j'ai deux cœurs. Jamais,
avant, notre chère Touraine ne m'avait semblé si belle, je n'avais
jamais trouvé son ciel si pur, ses fleurs si embaumées!... Aujour-
d'hui, tout me sourit, et je souris à tout ! Je voudrais... je voudrais
pouvoir embrasser la nature entière. Oh! Paula, que c'est doux
d'aimer !... mais... (D'une voix altérée tout à coup.) Mais comme on
doit souffrir quand celui qu'on aime ne vous aime pas, et surtout...
Oh! surtout quand il ne vous aime plus!... (Paula a passé précipitamment son mouchoir sur son visage, avec inquiétude.) Qu'as-tu donc ?

PAULA, se remettant.

Rien, rien, Marie,... mais j'ai frissonné malgré moi à cette folle
pensée qui te venait qu'un cœur comme le tien pourrait être mé-
connu, dédaigné !... Mais ce n'est pas possible, ma petite Marie, ce
n'est pas possible, entends-tu bien? Il t'aime et t'aimera toujours!

MARIE.

Tu me le jures ?

PAULA, riant.

Oui, je te le jure !

MARIE.

Il serait bien ingrat d'abord, s'il ne m'aimait pas. Je ne suis pas
laide ?

PAULA.

Non certainement.

MARIE.

Je ne suis pas méchante.

PAULA.

Non... pas trop !

MARIE.

Maintenant, nous ne sommes pas plus riches l'un que l'autre, il
n'a pas d'ambition, je n'en ai pas non plus; il aime les fleurs et les
oiseaux autant que je les aime, et nous sommes de la même religion,
ainsi...

PAULA.

Vous êtes faits l'un pour l'autre.

MARIE.

Dame, il me semble. (Après un temps.) Comme cela... tu es sûre qu'il m'aime ?

PAULA.

Oui.

MARIE.

Mais pourquoi donc alors ne me dit-il rien ?

PAULA.

Parce qu'il n'ose pas encore peut-être. (Riant.) Tu es si imposante !

MARIE, ouvrant de grands yeux.

Vrai ?... Eh bien, alors... comment faire pour l'encourager à parler ?

PAULA.

Mais, il ne faut pas l'encourager, Marie.

MARIE.

Ce serait mal ?

PAULA.

Généralement, ça ne se fait pas.

MARIE.

Ah !... mais... je peux le regarder avec bonté ?...

PAULA.

Il n'est pas nécessaire évidemment de lui faire de gros yeux.

MARIE.

Ah !... et... puis-je lui donner une fleur s'il me la demande ?

PAULA.

Certainement.

MARIE.

Et... s'il ne me la demande pas ?

PAULA.

Tu peux la lui donner encore.

MARIE.

Bon ! Et s'il me prend la main ?

PAULA.

Tu lui laisseras ta main, Marie !

MARIE.

Ah !... et... s'il me dit enfin qu'il m'aime, qu'est-ce qu'il faudra que je lui réponde ?

PAULA.

Tu lui répondras que nous l'aimons aussi.

MARIE.

C'est ça; et qu'il peut vous demander ma main, et que je serai heureuse d'être sa femme.

PAULA.

Non, Marie, il n'est pas nécessaire de dire cela.

MARIE.

Eh bien, qu'est-ce que je dirai ?

PAULA.

Tu ne diras rien.

MARIE.

Mais alors, j'aurai l'air bête !

PAULA.

Non.

MARIE.

C'est égal, il se sera expliqué... c'est l'important ! Après cela, nous nous marierons quand il voudra, au printemps, à l'été prochain, ça m'est égal, moi !... et d'ailleurs, comme cela, nous aurons le temps de broder mon voile et ma robe de mariée.

PAULA, avec tendresse.

Oh ! chère enfant ! Tiens, embrasse-moi ! (Elle l'embrasse, Richard paraît à droite de l'escalier du perron.)

MARIE.

Ah ! voilà M. Richard de Celves.

SCÈNE II

Les Mêmes, RICHARD; Richard est en petite tenue *.

RICHARD.

Mesdames, peut-on entrer ?

PAULA.

Mais certainement, monsieur.

RICHARD.

Je ne vous dérange pas ?

MARIE.

Au contraire. Entrez, monsieur notre hôte.

RICHARD, descendant en scène.

Mesdames...

PAULA, lui faisant signe de s'asseoir.

Vous n'avez donc pas été tenté d'accompagner M. de Limours en forêt, ce matin, monsieur ? (Elle s'assied à droite près de la table.)

RICHARD.

Eh ! mon Dieu ! madame, mon sauvage ami y a mis bon ordre en ayant soin de décamper, comme toujours, sans tambour ni trompette. Mais je vous avouerai que je m'étais promis de le rejoindre... pour le faire enrager. J'étais même déjà en route quand, à une demi-lieue d'ici, j'ai rencontré votre brave et digne curé, mesdames. Il se trouve justement que le saint homme est de mes amis. Il était autrefois aumônier dans l'armée. Nous avons renoué connaissance ; il m'a invité, d'abord, à l'accompagner jusqu'à son petit presbytère, puis, à partager son modeste repas. J'ai accepté, et, ma foi j'ai oublié la chasse, et j'ai passé là, au milieu des jasmins et des chèvrefeuilles, deux des plus douces heures de ma vie! En vérité, si je n'étais capitaine aux lanciers de la garde, je crois que je voudrais être curé en Touraine. Je dois avouer qu'entraîné par mes souvenirs, j'avais laissé tomber, par mégarde, quelques...

* Marie, Richard, Paula.

expressions qui avaient peut-être un peu servi... dans la cavalerie ; alors, je lui en ai demandé l'absolution ; mais il a refusé de me la donner tout de suite. Il veut que je retourne la chercher au presbytère. Et j'irai vraiment, et je pécherai même de nouveau pour avoir prétexte d'y retourner encore.

MARIE

Mais ce sera très-mal, monsieur.

RICHARD.

Oh ! puisque j'ai un ami curé ?... (Il se lève, Marie remonte à la terrasse.)

MARIE.

Eh ! mais, le voilà tout là-bas, monsieur le curé... Dis donc, Paula, il se dirige vers le château. (Richard passe à gauche ; Paula remonte près de Marie.)

RICHARD.

Ah ! mon Dieu ! c'est vrai ; il m'avait chargé de vous annoncer, mesdames, qu'il aurait l'honneur de vous rendre visite aujourd'hui, et je l'avais totalement oublié. Ne me dénoncez pas, je vous en prie ! J'ai déjà tant de choses sur la conscience aujourd'hui !

PAULA, prenant le bras de Marie.

C'est bien, monsieur ; nous serons généreuses, et nous ne dirons rien pour cette fois. (Se dirigeant vers le pavillon.) Viens recevoir notre ami, mon enfant. (A Richard.) A propos ! vous nous restez quelques jours encore, n'est-ce pas ?

RICHARD.

Oui, madame.

PAULA.

C'est à merveille ! Va, Marie. (Elles sortent à droite derrière l'aile du château.)

SCÈNE III

RICHARD, aussitôt DOMINIQUE et GUIBERT [*].

RICHARD, les regardant sortir.

L'adorable famille! ma foi!... mon ami Georges est un heureux mortel!

GUIBERT paraît en haut de l'escalier à gauche, Dominique le suit.

Ah! monsieur le comte est déjà en campagne?

RICHARD.

Une visite. (Guibert descend en scène.)

DOMINIQUE.

Et quant à madame la comtesse, ainsi que j'ai eu l'honneur de le dire à monsieur...

GUIBERT.

Bien, bien, j'attendrai.

RICHARD, à part.

Il me semble reconnaître...

GUIBERT, à Dominique.

Ah! dites-moi, vous n'avez pas vu mon neveu? un petit qui a l'air bête?

DOMINIQUE.

Je n'ai vu personne, monsieur.

GUIBERT.

Au détour d'une allée, il a disparu... Ah! vous n'avez pas de piéges à loup dans le parc?

DOMINIQUE.

Non, monsieur.

[*] Guibert, Dominique, Richard

GUIBERT.

Pourriez-vous me faire servir quelques rafraîchissements?... je
meurs de soif!...

DOMINIQUE.

Bien, monsieur. (Il sort.)

GUIBERT, examinant les localités.

Tiens, tiens, tiens! Mais c'est très-gentil ici! (Apercevant Richard.)
Ah! (Saluant.) Monsieur...

RICHARD, de même.

Monsieur... Mais non, je ne me trompe pas, c'est à M. Faustin
Guibert que j'ai l'honneur de parler?

GUIBERT.

Monsieur, tout l'honneur est pour moi assurément, mais pardon!
je ne me rappelle pas...

RICHARD.

Richard, Richard de Celves, l'ami, le condisciple de Georges de
Limours...

GUIBERT.

Ah! oui... en effet. (Il pose sur le banc son parapluie et son chapeau.)
Je vous remets maintenant, monsieur! Sapristi! comme vous êtes
grandi depuis dix ans!

RICHARD, riant.

J'ai tant marché!

GUIBERT.

Oui, oui, la Crimée, l'Italie... Oh! mais. (Désignant le ruban que
Richard a à la boutonnière.) Vous avez grandi de toutes les manières.
A propos! vous étiez parti sous-lieutenant, je crois...

RICHARD.

Oui... sous-lieutenant de dragons; et je suis aujourd'hui capitaine aux lanciers de la garde.

GUIBERT.

Recevez mes compliments! et vous vous reposez en ce moment sur vos lauriers?

RICHARD.

J'ai un congé de quelques mois, et mes amis me donnent l'hospitalité. Mais vous-même, M. Guibert, est-ce que vous nous arrivez pour quelque temps?

GUIBERT.

Ici? oh! non, je ne fais que passer. Je suis depuis hier à Tours où j'ai une propriété; j'y demeurerai peut-être quelque temps. Ça dépendra de mon imbécile de... mais ça ne vous intéresserait pas.

RICHARD.

Comment donc! mais croyez que je m'intéresse à tout ce qui peut toucher l'ex tuteur de Georges; car, s'il m'en souvient bien, vous avez été nommé tuteur de Georges, à la mort de son père.

GUIBERT.

Oh! oui, oui! ça m'a même vivement contrarié. Mais je ne pouvais pas refuser, car j'avais eu autrefois des obligations à M. le comte de Limours... Sans cela, croyez-bien que... car, voyez-vous, monsieur, moi, je n'ai jamais eu de vocation pour le rôle de protecteur. Je n'aime pas du tout à m'occuper des autres. Oh! je ne m'en cache pas... je suis un égoïste!...

RICHARD, riant.

Vraiment?

GUIBERT.

Oh! sous ce rapport-là, je peux me flatter d'être complet. Ainsi, tenez! quand je suis quelque part, si je m'aperçois que je vais pouvoir être utile, je m'en vais tout de suite. On m'a quelquefois demandé de servir de témoin dans des duels, j'ai toujours trouvé un prétexte pour refuser. Je me suis trouvé plusieurs fois, par hasard, sur le théâtre d'un incendie; eh bien, je n'ai jamais fait la chaîne.

RICHARD.

Ce n'était jamais vous qui brûliez ?

GUIBERT.

Oh ! non, sans ça...

RICHARD, éclatant de rire.

Vous avez du moins le courage de vos opinions ! (Il se lève.)

GUIBERT.

Oh ! oui. Tout ce qu'on peut dire de moi m'est égal, pourvu que je sois tranquille. (Se levant; d'un ton confidentiel.) Ainsi, quand M. de Limours a atteint sa majorité, je me suis dépêché d'arranger ses affaires le plus vite possible. Je me suis débarrassé de mes comptes et, après cela, mon pupille a pu faire tout ce qu'il a voulu. Il s'est jeté d'abord à plein collier dans les... distractions parisiennes; il y a mangé trois cents mille francs en deux ans, je l'ai laissé faire. Comprenant alors qu'il n'était plus assez riche pour continuer de frayer avec ses amis du club et du sport, il m'a déclaré qu'il allait voyager, je ne l'en ai pas empêché. Plus tard, il m'a écrit d'Italie, qu'il épousait une cantatrice célèbre : je ne lui ai pas même répondu. Ça m'ennuie d'écrire. J'ai appris que ce mariage lui avait aliéné le cœur de son oncle le millionnaire, qui ne parlait de rien moins que de le déshériter, et je n'ai fait aucune démarche auprès de l'oncle irrité. Enfin, si j'ai pu faire connaissance avec la comtesse, c'est que je l'ai rencontrée une fois, par hasard, à Tours où m'appelaient mes affaires; car je n'étais jamais venu ici, et, si j'y viens aujourd'hui, c'est que j'ai besoin de M. de Limours.

RICHARD, riant.

Eh bien, mais, M. Guibert, si Georges pensait comme vous cependant ?

GUIBERT.

S'il pensait comme moi ? il penserait sagement; mais lui, ça l'amuse de s'employer pour les autres. Ainsi, je suis sûr que je vais lui faire plaisir en lui demandant de me rendre un service.

RICHARD.

Alors, c'est lui qui sera l'obligé?

GUIBERT.

Certainement.

RICHARD, éclatant de rire.

Ah! ah! ah! c'est admirable! (Dominique entre avec un plateau qu'il pose sur la table et sort.)

GUIBERT.

Très-bien, mon ami! (Il passe à la table prend sur le plateau un verre et une carafe et verse.)

RICHARD.

Non, merci!

GUIBERT.

Pardon!... Mais c'est pour moi! (Il met du sucre dans l'eau et l'agite avec une cuiller.)

RICHARD, riant.

C'est juste... A propos? Vous ne vous êtes jamais marié, M. Guibert?

GUIBERT.

Naturellement. Oh! Dieu! le mariage!... La femme, passe encore, quoique après tout... Oh! mais ce sont les enfants!... car on est exposé à avoir des enfants... et moi, je les déteste!

RICHARD.

Alors, vous êtes seul au monde?

GUIBERT.

Tout seul, absolument... Ah! non, non, il y a un fils de mon frère.

RICHARD.

Votre neveu?

GUIBERT.

Hein?... Ah! oui, oui, il dit qu'il est mon neveu. Je n'avais jamais voulu le voir.

RICHARD.

Et vous le voyez maintenant?

GUIBERT, s'asseyant à droite.

Ah! ne m'en parlez pas!... figurez-vous qu'il est tombé chez moi, il y a un mois, à cinq heures du matin. Comme c'est agréable!

RICHARD, s'asseyant à gauche.

Et vous l'avez reçu?

GUIBERT.

Il l'a bien fallu. Il m'est arrivé avec deux sergents de ville.

RICHARD.

Comment?

GUIBERT.

Il avait battu un monsieur qu'il ne connaissait pas. Alors, on l'avait fourré au poste, et il s'était réclamé de moi. Ayez donc des neveux!

RICHARD.

Mais pourquoi cette algarade?

GUIBERT.

Ah! il aura voulu donner raison à Pythagore.

RICHARD.

Pythagore? A quel propos?

GUIBERT.

Parce que Pythagore a dit que l'homme est mort dans l'ivresse du vin, et furieux dans l'ivresse de l'amour. C'est dans le diction- naire.

RICHARD.

M. Hippolyte est donc amoureux?

GUIBERT.

Oui, comme un imbécile qu'il est; amoureux d'une certaine Antonia et d'une nommée Fanny Périer, je crois.

RICHARD.

Deux femmes à la fois ? quel gaillard ! (Il va pour se lever, Guibert le retient.)

GUIBERT.

Oh ! non ! Deux souvenirs seulement. Suivez-moi bien : Antonia... C'est assez compliqué... Antonia l'avait quitté ; alors, pour tâcher d'oublier Antonia, il a aimé Fanny Périer, mais Fanny Périer l'a planté là à son tour. Vous me suivez toujours ?... Alors, il s'est mis à pleurer alternativement Fanny Périer et Antonia. Vous comprenez ?

RICHARD, riant.

Parfaitement. (Il se lève et descend à gauche.)

GUIBERT.

Et, depuis un mois, il me raconte ses amours en criant, en s'arrachant les cheveux, et en me cassant ma vaisselle. J'ai tâché de le distraire ; je l'ai conduit partout, même au Musée Campana, je l'ai promené dans toutes les démolitions... rien n'y a fait ! Il a une idée... c'est-à-dire, deux idées fixes... Antonia, Fanny Périer ! Il les revoit dans tout, et partout !... Il croit les revoir du moins. C'est même comme ça qu'il est tombé l'autre jour sur le monsieur en question, un monsieur qui sortait bien tranquillement du théâtre avec une femme au bras. Il avait cru reconnaître une de ses deux infidèles. Hein ? pour un homme qui aime son repos, croyez-vous que je doive m'amuser avec un animal comme... Enfin, je vais m'en débarrasser en faveur de monsieur le comte...

RICHARD.

Un joli cadeau que vous lui ferez là !

GUIBERT.

Oh ! il le rendra fou, c'est certain... mais moi du moins je... et puis, il le fera voyager avec lui... ça le guérira peut-être... Eh bien, monsieur, voilà pourtant le résultat de l'une des ivresses humaines.

RICHARD, riant.

Mon Dieu ! comme tout le monde, votre neveu a passé à la conscription de l'amour ; seulement, il a amené un mauvais numéro.

GUIBERT.

Il aurait bien dû se faire remplacer.

RICHARD.

Oh! impossible! il faut faire son temps soi-même!

GUIBERT.

Vous n'avez pas donné dans les ivresses, vous?

RICHARD.

Jusqu'à ce jour, je n'en ai connu véritablement qu'une seule.

GUIBERT.

Ah! oui! l'ivresse de la gloire, de la poudre...

RICHARD.

Ah! cependant... il en est une autre encore qu'une fois j'ai comprise.

GUIBERT.

Laquelle?

RICHARD.

Celle du jeu!

GUIBERT.

Malheureux!

RICHARD.

Oh! ça ne m'a duré qu'une soirée; c'était à Hombourg. Je jouais pour la première fois! et je n'oublierai jamais les sensations douloureusement voluptueuses de ces quelques heures de vertige : Mon pouls s'était arrêté, et mon cœur me montait dans le cerveau; les croupiers dansaient devant moi en ricanant et en me tirant la langue; je voulais rire aussi, et je sentais que les coins de ma bouche allaient rejoindre mes oreilles. Il me semblait que chaque pièce d'or était une goutte de mon sang et que les râteaux étaient de grosses araignées qui s'élançaient à tout instant de leurs toiles pour venir boire avidement tout le sang de mes veines. (Riant.) C'était terrible et délicieux! Par bonheur! je partais le lendemain, et j'avais bientôt oublié le tapis vert de Hombourg pour celui des plaines de la Lombardie.

GUIBERT, *entraîné et avec élan, lui pressant la main.*

Ah ! tant mieux ! mon ami, tant mieux, sacristi !

RICHARD, *riant.*

Eh ! que vous eût importé que je devinsse joueur ? puisque vous ne vous intéressez à personne ?

GUIBERT, *surpris, se dégageant.*

Au fait, c'est vrai... il est certain que... car au bout du compte... (*Apercevant Hippolyte qui vient d'entrer.*) Ah ! voilà mon neveu !

SCÈNE IV

LES MÊMES, HIPPOLYTE*.

HIPPOLYTE, *arrivant tout bouleversé.*

Ah ! mon oncle ! mon oncle !

GUIBERT, *effrayé.*

Qu'est-ce qu'il y a encore ?

HIPPOLYTE.

Je viens de casser une statue.

GUIBERT.

Malheureux ! Et où ça ?

HIPPOLYTE, *fiévreux.*

Dans le parc, au bord de la pelouse, une Diane chasseresse ! de toute beauté !.. un vertige m'a saisi comme je la regardais, je n'ai pu résister au désir de la serrer dans mes bras, je me suis élancé, et je suis tombé avec elle !

GUIBERT.

Mais, briseur d'images, à propos de quoi cet élan de passion ?

HIPPOLYTE.

Ah ! mon oncle ! j'avais cru revoir mon Antonia ! (*Il tombe accablé.*)

* Richard, Hyppolite, Guibert.

GUIBERT, à Richard qui rit.

Eh bien, qu'est-ce que vous en dites? Le voilà! Voilà le malheureux à qui il est arrivé des choses si extraordinaires en amour!
(Raillant.) Croiriez-vous qu'il a été trompé par deux Célimènes de
l'École lyrique? Il n'y a vraiment qu'à lui que ces choses-là arrivent, n'est-ce pas?

HIPPOLYTE.

Dans ces conditions-là? Oui, mon oncle! (A Richard.) Jugez-en
plutôt, monsieur. Tenez, Antonia, par exemple! Un jour qu'elle
m'avait donné rendez-vous chez elle, elle m'écrit. « Je suis souffrante! ne venez pas ce soir. » Pouvais-je m'attendre? (Richard éclate
de rire.)

GUIBERT.

Mais, innocent... Sur cent individus qui fument à l'heure qu'il
est leur cigare sur le boulevart Montmartre, à Paris, il y en a
quatre-vingt-dix-neuf au moins à qui l'on a écrit, non pas une fois,
mais dix : « Je suis souffrante; ne venez pas ce soir. » On me l'a
écrit à moi, on l'a écrit à monsieur, à tout le monde. Une femme
ne peut pas écrire : « Mon cher ami, mon intention bien arrêtée
est de vous tromper sur les dix heures, dix heures et demie.
Agréez l'expression de mes sentiments distingués. »

HIPPOLYTE, qui est tombé dans une grande agitation.

Oh! c'est égal, mon oncle, dans le chemin de la vie, j'ai déjà
laissé bien des plumes. (Il descend à droite.)

GUIBERT, allant à Richard.

Des plumes!... Enfin, il se rend donc justice.

HIPPOLYTE, criant.

Vous ne comprendrez jamais ce que je souffre!

GUIBERT.

Tais-toi donc!

HIPPOLYTE.

O mon cœur!... contiens-toi!...

GUIBERT.

Veux-tu te taire, animal !

HIPPOLYTE.

Oh ! voyez-vous, mon oncle ! je le sens bien là. Si je ne puis tuer leur souvenir, leur souvenir me tuera ! (Il se jette à son cou.)

GUIBERT.

C'est entendu ! mais va-t'en. Tu reviendras à l'heure du dîner. (A Richard.) Il est plus calme à cette heure-là !... Je ne suis pas pourquoi (Hippolyte va se jeter dans ses bras de nouveau ; le poussant vers l'escalier.) Allons, va te promener. Tiens, va voir les canards... C'est un calmant.

HIPPOLYTE, disparaissant à droite.

O Fanny ! ô Antoñia !... (Il sort à droite ; Richard passe à droite en riant ; Guibert redescend à lui.)

SCÈNE V

GUIBERT, RICHARD, puis MADAME DE MÉNIOLES e MARIE.

GUIBERT.

Et voilà donc ce que c'est que les passions ? Eh bien, je n'en ai jamais eu, et j'en suis bien aise ! on m'appellera fossile si on veut, ça m'est égal. Je n'ai pas d'amour-propre, je n'ai pas d'esprit, je n'ai pas de cœur, je n'ai rien du tout ! et je m'en trouve bien !... C'est ce qui fait ma force !...

RICHARD, riant.

Laissez donc... Vous n'êtes pas aussi égoïste que vous le dites.

GUIBERT.

Non ? Eh bien, donnez-moi une occasion de vous être utile, et vous verrez.

RICHARD.

Je suis sûr que vous êtes l'homme le meilleur de la terre.

GUIBERT.

Eh bien, c'est ça; allez! tournez-moi en ridicule! (Avec fierté.)
Heureusement que mon passé parle pour moi! Oui, oui, monsieur, je
suis égoïste; après tout, est-ce que tout le monde ne l'est pas? vous-
même tout le premier. Tenez, je sais qu'à Magenta, vous avez en-
levé un drapeau. Pourquoi ne l'avez-vous pas laissé prendre par
un autre?... Vous en avez privé quelqu'un; c'est de l'égoïsme.

RICHARD.

Ah! dame, avec ces raisonnements-là... (Marie et madame de Ménioles
paraissent au fond à droite.)

MARIE, joyeuse *.

Enfin! vous voilà donc, madame, c'est bien heureux!

MADAME DE MÉNIOLES, l'embrassant.

Ma jolie petite Marie!...

GUIBERT, s'avançant.

La baronne!...

RICHARD, de même.

Madame de Ménioles!

MADAME DE MÉNIOLES.

M. de Celves! M. Guibert! Eh! mais, me voilà déjà en pays de
connaissance... Décidément, tous les bonheurs me sourient à mon
arrivée! (A Marie.) Ainsi, chère enfant, vous m'avez reconnue tout
de suite?

MARIE.

Oh! tout de suite!... et cependant, j'étais bien jeune quand
vous êtes venue m'embrasser pour la première et la dernière fois,
à Chinon, chez ma bonne tante. Oh! mais, je ne vous avais pas
oubliée. Allons, je vais bien vite prévenir Paula. Oh! comme elle
va être heureuse! nous venons bien vite. (Elle entre dans le château.)

____

* Guibert, madame de Ménioles, Marie, Richard.

SCÈNE VI

Les Mêmes, moins MARIE, puis bientôt PAULA et MARIE,
revenant.

RICHARD.

Ah! çà, mais, baronne, qu'êtes-vous donc devenue depuis sept
mortelles années?

MADAME DE MÉNIOLES.

Hélas! j'ai fait, je pense, quatre fois le tour du monde, et je vous
jure que le chemin m'a semblé long!...

GUIBERT, lui présentant une chaise.

Donnez-vous donc la peine de vous asseoir. (Madame de Ménioles
s'assied; Guibert, près d'elle, s'assied sur le banc.)

MADAME DE MÉNIOLES.

Ah! ce n'est pas tout bonheur que d'être la femme d'un sa-
vant... universel!... Car M. de Ménioles fait un peu de tout. Il
fait même de... l'économie agricole... Oui, je crois que c'est ainsi
que cela s'appelle... Mais enfin, monsieur le baron a consenti à me
ramener en France. Il m'a accordé un congé.

GUIBERT.

Et lui?

MADAME DE MÉNIOLES.

Oh! lui!... il ne s'en accorde jamais!... nous n'avons fait que
poser le pied à Paris, et crac, il a repris son vol.

GUIBERT.

Et ce cher baron, où est-il?

MADAME DE MÉNIOLES.

Mon mari?... Mais, dans les Landes ou quelque part par là. Il
défriche pour l'heure. Il vient même d'inventer un nouveau soc
pour éventrer la terre. Il paraît que c'est admirable... Ah! cet
homme-là me rend bien heureuse!... Ah! à propos, j'ai vu là-bas
deux de nos amis... le duc de Latouche, Mézeray. Il doit venir

un de ces jours, puis M. André de Fugères, le voyageur infatigable... comme mon mari. Nous nous sommes rencontrés entre deux caïmans, dans une touffe de roseaux, sur les bords du Nil... Il se proposait de revenir aussi revoir bientôt la mère patrie. J'espère qu'il viendra de ce côté; et, alors, une fois réunis, nous nous ferons une fin de saison adorable. Oh! d'abord, il faut que je m'amuse... Ah! dame, écoutez donc! je n'ai pas de temps à perdre, je serai vieille tout à l'heure.

RICHARD, riant.

Oui, oui; oh! vous avez bien vingt-sept ans par le fait!

MADAME DE MÉNIOLES.

Par le fait, justement!... Mais voyez-vous, monsieur le militaire, dans le mariage, c'est comme dans l'armée, les campagnes comptent double. Et j'ai toujours été en guerre avec mon mari. (Richard et Guibert riant.)

GUIBERT, qui est remonté.

Je vois madame de Limours qui se dirige de ce côté.

RICHARD.

Nous vous laissons! (Il remonte ; madame de Ménioles les remercie.)

GUIBERT, allant prendre son parapluie et son chapeau.

Après une longue séparation, vous devez avoir bien des confidences à vous faire, et notre présence vous gênerait. Venez monsieur de Celves. (A Richard.) Mon ami, les scènes d'attendrissement, voyez-vous, ça m'attriste! (Guibert et Richard disparaissent par l'escalier du fond, madame de Ménioles est remontée pour aller au-devant de Paula, et redescend après la sortie des deux hommes.)

SCÈNE VII

PAULA, MADAME DE MÉNIOLES, MARIE, puis MA-
DAME DE MÉNIOLES et PAULA, seule ; et ensuite,
LES MÊMES avec MARIE et MADELEINE[*].

PAULA, courant à madame de Ménioles.

C'est bien elle ! ma chère Estelle !

MADAME DE MÉNIOLES.

Ma bonne Paula !

MARIE, à Paula.

Petite sœur ! Madeleine vient de descendre dans le parc. Je vais
la rejoindre.

PAULA.

C'est cela. Va, Marie.

MARIE.

A tout à l'heure ! (Elle descend dans le parc.)

PAULA, faisant asseoir madame de Ménioles sur le banc et s'asseyant
près d'elle sur une chaise.

C'est donc vous enfin !... Ingrate amie !... Me laisser pendant
près de sept ans dans l'impossibilité de vous donner de nos nouvelles ! Savez-vous que c'est bien mal !

MADAME DE MÉNIOLES.

Que voulez-vous, chère, j'ai épousé le grand chemin ! Nous étions
toujours en route, et je ne savais jamais la veille où nous... perche-
rions le lendemain. Il m'était encore possible de vous écrire, mais
je ne pouvais pas attendre les réponses. Enfin, je vous ai tout dit,
moi ; mais vous, vous avez tout à me dire... Que s'est-il passé
depuis sept ans, depuis le jour où je vous ai embrassée pour la

* Madame de Méniole, Paula, Marie.

dernière fois sous votre beau ciel de Naples? Ce jour-là, la grande chanteuse Paula Pazzi venait de mettre sa main dans la main du comte de Limours et,.. mais d'abord, expliquez-moi... Dix mois à peine après notre séparation, j'apprenais par les journaux à New-York que vous aviez quitté le théâtre de vos triomphes; est-ce donc le comte de Limours qui avait exigé de vous ce sacrifice?

PAULA.

Non, mon amie. C'est la fatalité seule qui me l'a imposé...

MADAME DE MÉNIOLES.

La fatalité?

PAULA.

Ah! ma chère baronne, j'ai bien pleuré depuis sept ans ...

MADAME DE MÉNIOLES.

Que me dites-vous là?... oh! parlez bien vite!

PAULA.

Je vais vous attrister!

MADAME DE MÉNIOLES.

Mais je veux la moitié de vos chagrins. Paula, mon amie. Parlez donc!

PAULA, après un moment de silence.

Vous vous souvenez du rôle d'Azucena, n'est-ce pas?

MADAME DE MÉNIOLES.

Votre triomphe dans ce divin opéra de Verdi... Oui, oui, je m'en souviens!

PAULA.

Eh bien, six mois après votre départ... je le chantais pour la dernière fois.

MADAME DE MÉNIOLES.

Comment?

PAULA.

Vous vous souvenez aussi sans doute du marquis de Mariani?

MADAME DE MÉNIOLES.

Qui, depuis longtemps, alors, vous poursuivait de son ardent amour? Oui... oui.

PAULA.

Eh bien, du jour où je portai le nom du comte, du jour où le marquis eut perdu tout espoir, son amour se changea en une haine implacable, et qui devait briser mon avenir, et... l'avenir d'une autre.

MADAME DE MÉNIOLES.

De qui donc?

PAULA.

Je vous le dirai tout à l'heure.

MADAME DE MÉNIOLES.

Continuez.

PAULA.

Un soir, on jouait encore le *Trovatore* cette fois-là, c'était la dernière représentation de la saison, pour moi du moins. Je faisais donc pour quelques mois mes adieux à ce public que j'aimais tant! et qui m'aimait un peu, n'est-ce pas?

MADAME DE MÉNIOLES.

Dites qu'il vous adorait, Paula !

PAULA.

Donc, ce soir-là, la salle était comble! une salle toute resplendissante de diamants, de fleurs et de lumière. Une salle patricienne! — L'opéra marchait!... Mon succès avait été grand déjà!... Déjà vingt couronnes étaient tombées à mes pieds... Les bravos de tous m'avaient saluée... On me souriait... on m'encourageait... on... m'acclamait!... je puis le dire, c'est vrai... Alors, comme toujours... mon sang s'était arrêté dans mes veines!... (L'orchestre joue en sourdine l'air d'Azucena, premier acte de *Il Trovatore*); mon cœur se gonflait dans ma poitrine à me faire croire qu'il allait la briser! et... quand je commençai cet air... cet air que je ne puis plus chanter, mais qui chante toujours en moi, des

pleurs)brûlants!... Oh! de vrais pleurs vinrent mouiller mes yeux,
O ma dernière ivresse et de gloire et d'orgueil!.. .comme je t'ai
payée cher!

MADAME DE MÉNIOLES.

Mon amie!...

PAULA, fiévreuse.

Maintenant, écoute... écoute bien!... Dans ce moment-là où je
ne m'appartenais plus... dans ce moment-là où je chantais avec le
ciel, je me sentis tout à coup rejetée brutalement sur la terre!...
(Se levant.) Un coup de sifflet venait de retentir... bruyant, aigu,
terrible!... Un coup de sifflet!... chez nous!... Le misérable!...

MADAME DE MÉNIOLES, se levant.

Le marquis de Mariani, n'est-ce pas?

PAULA.

Oui, c'était lui... je m'arrêtai tout à coup! et je regardai machi-
nalement à terre... je te jure que j'avais cru que mon cœur venait
de tomber!... Alors, mille voix indignées s'élèvent comme une
tempête!... Je vois comme un nuage sanglant qui passe devant
mes yeux, et dans ce nuage... des ombres qui s'agitent mena-
çantes, furieuses!... puis... le calme se rétablit... On attend!...
bientôt, de tous côtés, ce sont des cris... des battements de
mains!... une nouvelle pluie de fleurs!... Il faut obéir!... Je veux
reprendre le motif interrompu... le son expire dans ma gorge!...
et je reste là... pétrifiée!... comme la Malibran je me regardais
mourir... je lutte encore, cependant... je me déchire le sein avec
mes ongles? rien... Toujours rien! je fais un dernier effort!...
un effort surhumain!... c'est un sanglot qui tombe de mes lèvres...
ma voix était perdue!...

MADAME DE MÉNIOLES.

O ma pauvre Paula!...

PAULA.

Mais ce n'est pas tout! Ceci ne serait rien encore...

MADAME DE MÉNIOLES.

Mon Dieu!...

PAULA.

Un mois après, j'étais mère, et ma pauvre petite Madeleine.

MADAME DE MÉNIOLES.

Eh bien?

PAULA, apercevant l'enfant avec Marie au sommet de l'escalier,
s'élance et la ramène.

Ah! tiens... voilà ma fille! tu la vois bien!... tu vois comme elle est belle!... Eh bien, elle est muette!...

MADAME DE MÉNIOLES, avec un cri.

Ah!

MARIE, se jetant dans les bras de Paula.

Paula!... ma sœur!...

PAULA, qui a couvert l'enfant de baisers, à Marie.

Emmène-la! emmène-la, Marie. (Marie s'éloigne avec l'enfant.)

MADAME DE MÉNIOLES, après un silence.

Et... le marquis de Mariani?

PAULA.

Le marquis? Ah! tu penses bien que le comte l'a tué, n'est-ce pas?

MADAME DE MÉNIOLES.

Oh! c'est bien fait! (La prenant dans ses bras.) Oh! comme je vais t'aimer plus encore! (En ce moment on entend des rires sur l'escalier.)

PAULA.

Du monde; viens, mon amie, viens... (Elles entrent dans le château; Richard et Henri paraissent.)

SCÈNE VIII

RICHARD, HENRI, puis MARIE, sur le balcon.

RICHARD, riant.

Ah! ah! ah! quel singulier personnage que ce brave M. Guibert!

HENRI, rêveur.

Eh! mais, il y a du vrai dans ce qu'il dit et l'égoïsme est, en effet, le secret du bonheur. (Souriant.) Seulement, c'est l'égoïsme à deux!

RICHARD, dressant l'oreille.

Eh! mais, l'égoïsme à deux, c'est l'amour. (Allant à lui et l'examinant.) Ah! çà, mon cher M. Henri, est-ce que M. Guibert aurait deviné juste tout à l'heure? Est-ce que vous seriez amoureux?

HENRI.

M. Guibert a deviné juste.

RICHARD.

Contez-moi donc cela. (Il va s'asseoir sur le banc.)

HENRI, à voix basse.

Non, pas ici.

RICHARD.

Bah! est-ce que?... (Il désigne le château.)

HENRI, s'asseyant près de lui.

Silence! Mademoiselle de Limours ignore encore..

RICHARD.

Cet amour est donc né d'hier?

HENRI, souriant.

Oh! non! il est déjà grand garçon au contraire

RICHARD, riant.

Il ne marche pas encore tout seul, cependant?

HENRI.

Non. Ah! c'est qu'auprès de cette gracieuse enfant, je ne suis
plus qu'un enfant moi-même. Le courage me manque toujours au
dernier moment. Enfin, je ne puis me décider à parler ; j'ai peur !

RICHARD.

Peur ?

HENRI.

Oui. Car enfin, m'aime-t-elle ?

RICHARD.

Je ne vous le dirai pas ! Mais il me semble que le moyen de le savoir, c'est de le lui demander.

HENRI.

Et si un *non* fatal allait être sa réponse ?

RICHARD.

Ah ! mais permettez, mon cher, vous tournez là dans un cercle
vicieux d'où vous ne sortirez jamais !

HENRI.

Je le sais bien, c'est absurde ! mais que voulez-vous ? Dans cet
état de choses, j'ai le droit d'espérer au moins. Et mes rêves d'a-
mour me sont si chers !... que je tremble d'en être tiré tout à coup
par un de ces joyeux éclats de rire dont l'heureuse jeune fille est
habituellement si prodigue !

RICHARD.

Avez-vous donc l'intention d'attendre, pour vous déclarer, que
le dernier sourire se soit à jamais envolé de ses lèvres roses ? Cela
peut vous mener loin. Allons, allons, mon gentilhomme, un peu
plus de confiance en vous, que diable ! Vous n'êtes pas de ceux que
l'on repousse en leur riant au nez. Si mademoiselle de Limours ne
vous aime pas. (Mouvement de Henri.), ce qui me paraît invraisembla-
ble, eh bien, elle mettra du moins des formes à son refus.

HENRI.

Refusé ! (Se levant.) Refusé par elle ? Oh ! j'en mourrais, monsieur Richard !

RICHARD, *souriant.*

Eh bien, dites donc... (*Il se lève.*) vous seriez fixé au moins.

HENRI.

Railleur !

RICHARD.

Pardon ! cher ami, mais je vois que nous ne pourrions nous entendre, et que je ne suis pas du tout le confident qu'il vous faut ; du reste, c'est tout simple, votre cœur parle une langue que le mien n'a jamais apprise. Bien décidé à ne jamais me marier, j'ai toujours passé très-vite, et sans m'arrêter, auprès de ces chastes enivrements que vous, vous puisez à cette heure dans les jolis yeux de mademoiselle de Limours ; en un mot, mon cœur, jusqu'ici, n'a fait que... marauder. Je ne suis pas né, d'ailleurs, pour les tendresses calmes. En amour comme en guerre, j'aime, je l'avoue, les entreprises difficiles. Je ne suis pas pour les villes qui se livrent légalement, et dont un officier municipal vous apporte les clefs sur un registre de l'état civil... j'aime les villes bien gardées et bien défendues ! et... (*Baissant la voix.*) Si vous voulez me promettre d'être muet, je vous dirai le nom de celle dont j'ai commencé le siége.

HENRI.

Parlez, mon cher monsieur Richard ; secret pour secret. Eh bien, donc, cette ville que menacent vos armes?...

RICHARD.

Est élégante, gracieuse et coquette ; plusieurs... sommations lui ont déjà été faites, elles sont restées sans résultat. Mais je tiendrai bon, ne fût-ce que par amour-propre national. (*Riant.*) Car c'est une ville française tombée au pouvoir de l'Espagne. (*A demi voix.*) Elle se nomme Hélène, marquise de Verveda.

HENRI.

La marquise de Verveda ? Mais c'est une amie de la comtesse de Limours ; on l'attend même ici en ce moment.

RICHARD.

C'est pardieu bien pour cela que j'y suis ! Mais, à propos? Con-

naitriez-vous par hasard la garnison? (Se reprenant.) c'est-à-dire
le mari?

HENRI.

Non. En aucune façon.

RICHARD.

Eh bien, moi non plus. Je ne l'ai même jamais vu; mais je le
sais Espagnol... c'est-à-dire, sans nul doute, haineux, vindicatif...
dangereux enfin!... Et cela me suffit!...

HENRI.

Ah! mais, prenez garde, M. de Celves; il y va du repos d'une
femme!

RICHARD.

Oh! celle-là ne demande pas à se reposer!

HENRI.

Allons! allons! vous reviendrez de toutes ces folies le jour où...
(Marie a paru sur le balcon, bas.) Silence!

RICHARD.

Qu'y a-t-il? (Apercevant à son tour Marie qui semble très-occupée à cueillir
les fleurs qui grimpent le long de sa fenêtre.) Ah! très-bien (Bas.) Mon
cher, elle est jolie comme un ange! (Il lui prend le bras.)

HENRI, de même.

Elle ne nous voit pas?

RICHARD.

Mademoiselle Marie? Laissez donc, elle nous a aperçus tout de
suite.

HENRI.

Vous croyez?

RICHARD, tout en gagnant vers la gauche pour sa sortie.

Je le parierais, rien qu'à la façon dont elle cueille ses fleurs.
Voyez-vous, monsieur Henri, règle générale : Une femme ne voit
jamais mieux que lorsqu'elle ne regarde pas.

HENRI.

Ceci est du paradoxe.

RICHARD.

Non, c'est de l'observation... Adieu, je vous laisse... Et si, dès
que je serai parti, mademoiselle de Limours s'écrie, avec l'accent
de la surprise : « Tiens! c'est vous, M. de Francheterre!... » Ayez
bon espoir, je ne vous dis que cela. Adieu, à tantôt! (Il sort).

SCÈNE IX

MARIE, sur le balcon, HENRI, puis PAULA et GEORGES.

HENRI.

S'il disait vrai? si je pouvais espérer? Oh! je le saurai aujour-
d'hui.

MARIE, quand Richard a tout à fait disparu, se penchant sur le balcon.

Tiens, c'est vous, monsieur Henri?

HENRI.

Mademoiselle!... (A part.) C'est singulier!

MARIE.

Il y a longtemps que vous êtes là?

HENRI.

Pardonnez-moi! J'arrive à l'instant!

MARIE, à part.

Oh! le menteur!

HENRI, allant près de la maison.

C'est donc jour de moisson aujourd'hui, mademoiselle?

MARIE.

Oui, vous voyez! Voulez-vous de mes fleurs?

HENRI.

J'allais vous en demander.

MARIE, à part.

Oh ! J'aurais dû attendre alors. (Haut.) Tendez votre boutonnière, monsieur. (Elle lui jette une fleur.)

HENRI.

Merci, mais... Est-ce que vous ne descendez pas?

MARIE.

Est-ce qu'il faut absolument que je descende?

HENRI.

Si vous me consultez! Oui, absolument!

MARIE.

Et pourquoi ?

HENRI.

Parce que j'ai la vue très-basse.

MARIE.

Oh! vous mentez encore !

HENRI.

Encore!

MARIE, se reprenant.

Vous mentez, vous avez la vue excellente, au contraire.

HENRI.

Qui vous l'a dit ?

MARIE.

Mais le gracieux bonjour que vous nous avez envoyé hier à ma sœur et à moi, du fond de la vallée, alors que nous étions là, toutes deux sur la terrasse.

HENRI.

Vous m'avez reconnu?

MARIE.

Mais certainement, monsieur, puisque je vous ai rendu votre salut en agitant mon mouchoir.

HENRI.

N'importe! venez près de moi, je vous en prie!

MARIE.

Ça vous fatigue donc bien de lever la tête?

HENRI.

Oh! cela me fatigue horriblement, mademoiselle!

MARIE.

Allons! j'ai pitié de vous! attendez-moi. (Elle fait un mouvement comme pour se retirer du balcon.) Ah! ma robe!... (En se retirant, elle aperçoit Henri qui, la croyant partie, s'empresse de rétablir l'économie de sa coiffure et de sa toilette, à part.) Oh! le coquet!... Est-ce pour moi?... Je vais mettre une fleur dans mes cheveux! (Elle disparaît.)

HENRI, à part.

Il n'y a pas à dire; voilà ma peur qui me reprend. Allons! allons! du courage!... (Apercevant Marie qui entre.) Tiens, il me semble que tout à l'heure elle n'avait pas cette fleur-là!

MARIE, qui tient un volant de sa robe.

Oh! que c'est contrariant!

HENRI.

Qu'y a-t-il donc, mademoiselle?

MARIE.

Il y a que je viens d'accrocher ma robe à une branche de ce vilain chèvrefeuille qui est là-haut, et que ma robe est toute déchirée.

HENRI.

Ah! où est-ce donc?

MARIE.

Mais là, monsieur, ma main y passerait!

HENRI, souriant.

Alors, le mal n'est pas bien grand!

MARIE.

Vous croyez cela! Enfin, je vais mettre une épingle, ça se perdra dans les plis. (Avec un petit cri.) Bien ! voilà que je me pique à présent !

HENRI.

Vraiment ?

MARIE.

Tenez, ça saigne !

HENRI, prenant sa main blessée et la portant à ses lèvres.

En effet !

MARIE, surprise.

Ah !

HENRI, troublé de son audace et avec embarras.

C'est guéri... comme on vous disait il n'y a pas bien longtemps...

MARIE.

Oh! pas bien longtemps... c'est quand j'étais petite. (Laissant retomber sa robe.) Là, voilà qui est fait, et l'on n'y verra rien. Que regardez-vous donc ?

HENRI.

La jolie fleur que vous avez là.

MARIE.

C'est une clématite !... Est-ce que vous préférez les clématites aux roses du Bengale ?

HENRI, vivement.

Oh! de beaucoup! (Avec un peu d'embarras.) Voulez-vous changer votre fleur contre la mienne ?

MARIE, d'une voix un peu troublée.

Oui... si cela vous fait plaisir !

HENRI.

Merci! (Il met la fleur à sa boutonnière.)

MARIE, tout en plaçant la fleur dans ses cheveux.

Pourquoi m'a-t-il demandé cette fleur-là ? (Avec un sentiment de joie.) Ah! c'est peut-être parce qu'elle était dans mes cheveux. (Elle va s'asseoir.)

HENRI.

Qu'est-ce qui vous fait sourire?

MARIE, troublée.

C'est... c'est parce que je ne puis venir à bout d'attacher...

HENRI.

Voulez-vous que j'essaye?

MARIE.

Est-ce que vous saurez?

HENRI.

Peut-être? (Il place la fleur.)

MARIE.

Oh! comme vous tremblez!

HENRI.

C'est que... (S'arrêtant.) C'est qu'il va faire de l'orage...

MARIE, avec une déception.

Ah!

HENRI, après un silence.

Vous n'avez jamais quitté la Touraine, mademoiselle?

MARIE.

Jamais, monsieur. J'ai été élevée à Chinon, chez notre bonne vieille tante qui m'avait recueillie à la mort de notre pauvre mère, et je ne suis sortie de chez elle que pour venir habiter ce château avec Georges.

HENRI, ému.

Et le pays vous plaît toujours?

MARIE, un peu troublée.

Il me plaît chaque jour davantage.

HENRI.

Vous consentiriez alors à y passer votre vie tout entière?

MARIE.

Oh! oui. Les heures s'y écoulent si douces et si calmes!... O ma chère Touraine! Mais je ne me fais pas une autre idée du paradis, moi!... Il y a surtout, près du pays d'Artoune, une vallée, vous savez bien? avec des châteaux échelonnés jusqu'aux bords de l'Indre qui serpente à travers les peupliers. Oh! j'aimerais une habitation sur le penchant de l'une de ces collines.

HENRI, vivement.

J'en possède une.

MARIE

Ah! je ne savais pas! (Elle se lève.)

HENRI, que l'émotion envahit peu à peu.

Mais... elle est bien triste, bien déserte!... Car j'y suis tout seul... et dans ce paysage doux et souriant, il faudrait un doux et souriant visage comme...

MARIE, à part, avec une joie mêlée de crainte, descendant au milieu de la scène.

Ah!

HENRI, d'une voix entrecoupée, allant à elle.

Ah! je n'y tiens plus!... Pardonnez-moi, Marie! je vous aime! je vous aime!

MARIE.

M. Henri! (A part.) Ah! je ne croyais pas que ça me ferait autant d'effet que ça!

HENRI, avec passion.

Écoutez-moi, Marie, je vous le jure. S'il me fallait renoncer à l'espoir d'être à vous, cette Touraine, ma patrie, cette Touraine que j'aime tant... cette terre où dorment tous ceux qui jadis m'étaient chers, je la quitterais à jamais... je m'exilerais pour toujours... Marie! Marie, vous ne voudrez pas que je m'exile!...

MARIE, à part.

Mon Dieu! mon Dieu!... qu'est-ce que j'éprouve donc?

HENRI.

Vous ne répondez rien? Ah! ces craintes qui retenaient jusqu'ici un aveu sur mes lèvres, ces craintes étaient donc fondées? (Avec douleur.) C'est donc bien vrai que vous ne m'aimez pas?

MARIE, à moitié folle.

Mais... je n'ai pas dit ça!

HENRI, avec joie.

Quoi?

MARIE, se souvenant.

Nous vous aimons aussi.

HENRI.

Quel bonheur!... (Il lui prend la main.)

MARIE, fait un mouvement pour la retirer, puis, la laisse dans celle du jeune homme.

Ah!... (A part.) Si, Paula me l'a permis!...

HENRI, portant la main à ses lèvres et la couvrant de baisers.

Chère Marie!

MARIE, retirant sa main avec effroi.

Ah! non! non! pas ça!

HENRI.

Mais, Marie...

MARIE, toute tremblante.

Vous aviez raison, monsieur, il va faire de l'orage... Voilà le ciel qui se couvre... il va pleuvoir, rentrons ..

HENRI, l'arrêtant.

Marie! de grâce!... un instant encore? (La nuit vient peu à peu, et l'orage accompagne la fin de cette scène.) Ne sommes-nous pas à l'abri sous ce dôme de verdure?

MARIE, de plus en plus émue.

Mais voyez?... Il fera nuit noire tout à l'heure... et puis, les arbres attirent la foudre... Ma sœur me croit cachée dans ma chambre, comme d'habitude, et si elle me savait dehors, elle gronderait. Rentrons... non, laissez-moi rentrer.

HENRI, suppliant.

Oh! je vous en conjure! On est si bien ici... le vent, dans ces arbres, a des harmonies si douces!... Ces fleurs ont un parfum si pénétrant!... Oh! Marie! mon âme gardera éternellement le souvenir de l'heure où nous sommes! Entendez-vous la pluie sur les feuilles, et au loin, le sourd grondement du tonnerre?... Voyez-vous, au milieu des éclairs, nos horizons chéris? Là-bas est la demeure que vous aviez rêvée, la demeure qui vous attend, qui vous appelle! (Marie, à demi brisée, est tombée peu à peu, assise auprès de Henri, immobile, le front baissé; tout à coup, elle porte la main à ses yeux.) Des larmes! vous pleurez, Marie?

MARIE.

Oui... je ne sais pas ce que j'ai! j'ai froid!... je souffre!... il me semble que je vais mourir!... (Avec un soupir.) Oh! je suis bien heureuse!

HENRI, avec transport.

Marie!... ma femme!... (Il a effleuré de ses lèvres le front de Marie.)

MARIE, comme sortant d'un rêve.

Ah! (En ce moment, Paula paraît à droite, et Georges monte les marches au fond. Il est en équipage de chasse; courant se jeter dans les bras de Paula, toute honteuse.) Paula!... Il m'a embrassée!

GEORGES, souriant.

Eh bien, Marie, c'est le baiser des fiançailles!*

MARIE, courant à Georges.

Ah! Georges! (Elle se jette dans ses bras.)

GEORGES, tendant la main à Henri, tout en tenant Marie.

Monsieur de Francheterre, vous la rendrez heureuse!...

* Henri, Georges, Marie, Paula.

HENRI, prenant la main de Georges, et avec passion.

Ah! monsieur le comte! je l'aime plus que ma vie!

PAULA, à part, avec un mouvement douloureux.

Ah! Georges aussi m'a dit un jour : je vous aime plus que ma vie!... (Marie toute heureuse est revenue vers elle; Paula essuie rapidement une larme.)

ACTE DEUXIÈME

Un salon du château ouvrant sur le parc. — Porte au fond à droite et à gauche. — A droite, un canapé. — A gauche, une table sur laquelle se trouvent un album, crayons, etc.

SCÈNE PREMIÈRE

GEORGES, PAULA, HENRI, MARIE, DOMINIQUE*. Au lever du rideau, Paula assise à la table, dessine; Marie au piano joue une polka; Georges est assis sur le canapé; Henri est debout à la cheminée; Dominique entre du fond et descend à droite.

DOMINIQUE.

Les journaux de monsieur!

GEORGES.

Ah! merci.

MARIE, voyant Dominique qui va sortir.

Madame la baronne n'a pas encore sonné?

DOMINIQUE.

Pas encore, mademoiselle. (Il sort.)

MARIE se lève et va près de Paula.

O la vilaine paresseuse! encore au lit, à onze heures. (A Paula.) Comprends-tu cela? Depuis quinze grands jours que madame de Ménioles est installée au château, tous les soirs, quand nous nous retirons, elle me dit : « Ma chère enfant, ayez bien soin de me

* Paula, Marie, Georges, Henri.

réveiller demain au chant du coq, et nous irons toutes les deux faire l'école buissonnière ; » moi, je crois que c'est sérieux. (Elle prend le milieu de la scène.) Et quand cinq heures sonnent, je monte à son appartement, mais toujours je rencontre sa femme de chambre à sa porte et c'est toujours le même refrain ! « Oh ! mademoiselle, madame la baronne ne fait que de s'endormir, et si je l'éveillais maintenant, je serais chassée. » (Allant à Georges.) Comme c'est agréable !... Sans l'espérance qu'hier encore la méchante m'a donnée, je serais partie avec M. Guibert et son neveu qui se sont mis en route à six heures pour une excursion, et je serais allée avec eux à la ferme des moulins ; car, M. Guibert veut faire boire du lait à son neveu. Il dit que c'est un calmant. Quelle maladie a-t-il donc, M. Hippolyte ?

GEORGES.

Oh ! une maladie inconnue !

MARIE, riant.

Ces Parisiens ne font rien comme tout le monde.

HENRI, descend près de Marie.

J'ai remarqué que vous êtes bien sévère pour eux, mademoiselle.

MARIE.

Et moi, j'ai remarqué que vous êtes bien indulgent. Oui, depuis que madame de Ménioles est ici, tout, dans ses moindres habitudes, est pour vous matière à admiration. Vous trouvez charmant que l'on passe tout le jour à s'habiller et à se déshabiller. Vous trouvez du meilleur ton de vivre sans manger, d'où il suit que vous devez nous trouver bien provinciales, nous qui jusqu'au soir gardons la même robe et qui, dès le matin, avons bon appétit.

GEORGES, riant.

Allons, allons, Marie, c'est une querelle d'Allemand que tu lui cherches là.

HENRI, à Paula.

Oh ! oui, n'est-ce pas ?

PAULA.

En effet.

MARIE.

Oh! que non! je sais bien ce que je dis. J'ai des yeux. Ainsi, depuis l'invasion des habitants de la grande ville, depuis les quelques visites que nous a faites, par exemple, M. le duc de Latouche-Mézeray, en ce moment dans sa terre, il semble que tout ait changé d'aspect ici... jusqu'à monsieur mon frère.

GEORGES.

Ah! ah! voilà mon tour arrivé.

MARIE, passe devant Paula.

Autrefois, il chassait tout le jour; mais, le soir, on avait encore le temps de l'embrasser, maintenant M. de Mézeray et ses élégants amis nous le gardent quelquefois jusqu'à près de minuit.

GEORGES, un peu contrarié.

Marie! (Il se lève.)

MARIE.

Dis donc que ce n'est pas vrai, et que ces beaux messieurs ne sont pas cause que nos ouvriers ne t'ont pas vu une seule fois pendant le temps de la vendange.

GEORGES.

Elle n'en sera pas moins belle pour cela, va!

MARIE, se lève.

Oui; mais ça fait mauvais effet.

GEORGES.

Mademoiselle Marie, je trouve que vous maltraitez fort votre aîné.

MARIE.

Parce que mon aîné n'est pas raisonnable, et qu'il nous quitte trop souvent pour des gens qui ne l'aiment pas... comme nous l'aimons. (Elle l'embrasse.) Là! c'est fini! je ne gronde plus, mais soyez sage. Oh! tant pis, je vais carillonner à la porte de madame

de Ménioles, et pendant qu'elle s'habillera, je t'amènerai ta petite
Madeleine qui ne t'a pas dit encore bonjour ce matin.

PAULA.

Oui, c'est cela ! va, Marie.

HENRI.

Alors, nous sommes fâchés.

MARIE.

Oui ; et nous ne nous raccommoderons qu'à une condition : c'est
que vous irez au presbytère, porter à notre bon curé le produit
de notre quête en faveur de ses pauvres.

HENRI, riant.

Je ferai tout pour obtenir le pardon de mes fautes... imagi-
naires...

MARIE.

Bon, bon. Encore une fois je sais ce que je sais. Et croyez-moi,
monsieur, observez-vous davantage, et observez-moi un peu moins.
(Elle sort.)

HENRI, riant.

A bientôt, chère Marie ! (Il salue Paula et serre la main de Georges.)

SCÈNE II

PAULA, GEORGES *.

GEORGES, à part.

Cette petite fille terrible ! avec ses réflexions... (Haut.) Que dites-
vous, Paula, des folies de cette chère enfant? Aller s'imaginer qu'Henri
ait pu être, un seul instant, sensible aux grâces de madame de
Ménioles! cela n'a pas le sens commun. Vous ne doutez pas
d'Henri, n'est-il pas vrai?

PAULA.

Non, Georges. Il ne songe pas plus à la baronne que la baronne

* Paula, Georges.

ne songe à lui; cela est bien certain. Seulement... je crois que M. de Francheterre a subi, comme tout autre eût pu le faire à sa place, le prestige de la beauté, des élégances toutes parisiennes de madame de Ménioles! L'amour chez vous, messieurs, ne remplit jamais complétement le cœur! il y a toujours une petite place pour l'orgueil.

GEORGES, riant.

Mais c'est véritablement une coalition.

PAULA, vivement.

Oh! Georges, ce sentiment n'est pas, croyez-le bien, un crime à mes yeux... Et... moi par exemple, vous m'aimeriez un peu moins aujourd'hui qu'autrefois, que je ne vous en voudrais pas, que... je le comprendrais même.

GEORGES.

Que voulez-vous dire? Expliquez-vous! explique-toi, Paula?

PAULA.

Dis-moi, Georges, bien vrai? est-ce qu'il ne t'est pas arrivé quelquefois de jeter en arrière un regard de regret? Voyons! quand tu te souviens de la chanteuse aimée que tu voyais jadis sur la scène de ses triomphes; quand tu songes à la Paula d'hier, dont le nom était dans toutes les bouches, et quand tu regardes ta Paula d'aujourd'hui, ta Paula bien simple, bien ignorée... est-ce que l'artiste alors ne nuit pas à la mère?

GEORGES.

Paula! vous êtes folle!

PAULA.

Oh! que non! sois franc; du reste, c'est notre sort à nous. On nous aime trop un moment pour nous aimer toujours.

GEORGES.

Paula! tu ne m'as jamais parlé ainsi.

PAULA.

Non, je sais bien. Mais ce que je te dis là... vois-tu, il y a un an que j'hésite à te le dire... (Après un moment de silence.) Voyons, Georges... encore une fois, sois franc, tu t'ennuies ici?

GEORGES, s'efforçant de rire.

Quelle idée!... pourquoi m'ennuierais-je ici plutôt qu'ailleurs?

PAULA.

Oui; tu t'ennuierais partout, n'est-ce pas?

GEORGES.

Mais non, ce n'est pas cela que j'entends.

PAULA.

Pourquoi n'irions-nous pas vivre à Paris?

GEORGES.

Pourquoi? Mais vous le savez bien, Paula : notre fortune ne nous le permet pas. Il est de ces noms qui exigent un faste, un train de maison que nous ne pourrions pas soutenir...

PAULA.

Ah! si tu ne m'avais pas connue pourtant?

GEORGES.

Si je ne t'avais pas connue, ma chère Paula, j'eusse vécu de même en exilé, attendu que les raisons qui existent aujourd'hui existaient avant que je te connusse.

PAULA.

Oui; mais tu aurais pu faire un brillant mariage.

GEORGES.

Allons, Paula! ce sont là toutes paroles inutiles.

PAULA, souriant.

Oui, le mal est fait!

GEORGES, se levant.

Ah! je ne sais en vérité sur quels soucis tu as marché ce matin.

PAULA.

Écoute donc, Georges, en te voyant toujours sombre, agité, est-ce qu'il n'est pas bien naturel que je fasse toutes ces tristes réflexions? est-ce qu'il n'est pas bien naturel que j'en vienne à croire que... je te gêne?

GEORGES.

Ah ! Paula !... comment un mot semblable a-t-il pu tomber de
ta bouche ?

PAULA, vivement.

Oui, oui, c'est mal ! pardonne-moi !... Mais que veux-tu ? je me
fais mille reproches... et je pleure quand je suis seule. Je me dis :
c'est la fatalité qui s'est attachée à moi ! A peine sa femme, cette
voix qu'il aimait tant, qui l'avait fait m'aimer peut-être, elle s'éteint
tout à coup. J'ai une enfant... une fille, et il faut que cette fille
soit...

GEORGES.

Tais-toi ! tais-toi, Paula... Est-ce ta faute, voyons ?... et ne
comprends-tu pas que je dois t'aimer plus encore en pensant à ce
que tu dois souffrir et comme artiste et comme mère ?

PAULA.

Oh ! merci, Georges !... merci !... C'est ton cœur qui vient de
parler... et je vois que tu m'aimes encore. Laissons toutes ces
folies.

GEORGES.

Tu n'auras plus de mauvaises pensées ?

PAULA.

Non !

GEORGES.

A la bonne heure ! Mais, en vérité... (Riant à demi.) Ah ! c'est
égal, les choses s'arrangent étrangement dans la vie !

PAULA.

Comment ?

GEORGES, embarrassé.

J'avais quelque chose à te dire, moi aussi... touchant un projet
que j'avais conçu, mais... tu viens, sans y songer, de me fermer la
bouche.

PAULA.

Georges, ne me punis pas d'un mouvement que je n'ai pu retenir ; parle, je t'en prie. (Elle s'assied.)

GEORGES.

Oh! que non! C'est pour le coup que tu croirais que je m'ennuie ici.

PAULA.

Je ne te comprends pas.

GEORGES.

Mais je ne veux pas non plus que tu me comprennes. (Il s'assied.)

PAULA.

Ah! cependant, je crois deviner. M. Guibert t'avait demandé de faire un petit voyage pour...

GEORGES.

Pour son neveu! Ah! ah! ah! par exemple! non, non, M. Guibert est fou, son neveu l'est aussi, et ma foi!... je ne me soucie pas d'entreprendre de ces guérisons. Ce n'est pas cela du tout.

PAULA.

Alors!... tu voulais aller à Paris?

GEORGES.

Ne parlons plus de tout cela, te dis-je?

PAULA.

Tu voulais aller à Paris... Tu voulais tâcher de voir ton oncle... de te réconcilier avec lui. Ah! tu souris, j'ai deviné cette fois.

GEORGES.

Eh bien, oui, c'est vrai! J'ai reçu une lettre du marquis de Verveda qui, comme tu le sais, en mêlant mon oncle à ses opérations, a presque doublé la fortune déjà si considérable de ce dernier. Eh bien... le marquis pense qu'un rapprochement pourrait être possible entre nous... Il a déjà parlé à notre oncle... et tu comprends, si cet espoir se réalisait... quel bonheur pour... pour Marie, pour Madeleine... (Se troublant sous le regard de Paula.) Eh bien, qu'est-ce que tu as?

PAULA, secouant une idée importune.

Rien! rien!

GEORGES.

Est-ce que tu n'approuves pas ce projet?

PAULA.

Si fait... tu as raison... il faut aller à Paris... Il le faut... Quand partiras-tu?

GEORGES.

Dans... deux ou trois jours.

PAULA.

Bon... c'est entendu... (Après un temps, elle se penche vers lui, et lui passe la main autour du cou, le regardant.) C'est bien pour cela que tu vas à Paris, Georges?

GEORGES, après un mouvement d'humeur, lui baise la main, se recule de l'autre côté, prend un journal, et d'un ton dégagé.

Allons! le voyage est fait! Je n'irai pas!

PAULA, allant vivement s'asseoir sur le canapé.

Si... si!... Oh! je t'en prie!... j'ai eu tort!... pardonne-moi encore une fois! je suis folle! je suis folle!...

GEORGES.

Ah! Paula! voici Madeleine! (Il se lève, passe derrière le canapé, va à l'enfant, l'embrasse, la conduit près de Paula et remonte près de la cheminée.)

SCÈNE III

Les Mêmes, MARIE, MADELEINE *, puis LE DUC DE MÈZERAY.

MARIE.

Ce n'a pas été sans peine! mademoiselle prend les allures des dames de Paris. Elle ne voulait pas se réveiller!

PAULA, la prenant dans ses bras.

Viens, mon petit ange! (A Marie.) Comme elle a les mains froides!... et puis... je la trouve pâle.

* Marie, Paula, Madeleine, Georges.

MARIE.

Mais non. C'est une idée.

PAULA.

Madeleine, tu n'es pas malade? (Madeleine secoue la tête en souriant.)
Dis : « Non, mère... » (Après un temps.) Madeleine... dis avec moi :
« Mère! je l'aime!... »

MARIE, à part.

Pauvre Paula! sa leçon de tous les jours!

PAULA, d'une voix suppliante.

Dis : « Je l'aime!... » dis, dis donc! (Madeleine, sans répondre, jette
ses deux bras autour du cou de Paula qui l'embrasse avec frénésie. On entend
des éclats de rire au dehors.)

GEORGES.

Ah! c'est M. de Latouche-Mézeray!

MARIE.

Votre extravagant petit duc...

GEORGES, riant.

Est-ce que tu vas lui faire une scène à lui aussi?

MARIE.

Mais peut-être. (Elle emmène l'enfant, Mézeray paraît, il est en costume
de chasse.)

DOMINIQUE, sur le seuil.

M. le duc de Latouche-Mézeray.

MÉZERAY.

Bonjour, Georges. Comtesse, je dépose mes hommages à vos
pieds... (Saluant.) Mademoiselle Marie... oh! comme vous me faites
de méchants yeux!

MARIE, d'un ton pincé.

Oh! vous vous trompez bien, monsieur le duc! Viens, Madeleine!
(Elle remonte accompagnée de Paula *.)

* Georges, Mézeray, Marie, Madeleine, Paula.

MÉZERAY.

Mademoiselle Marie m'appelle monsieur le duc! Je suis donc en disgrâce?

GEORGES, riant.

Un peu; Marie se plaint que vous m'accaparez.

MÉZERAY, bas.

Et vous me laissez accuser? après cela, je comprends que vous ne pouvez pas dire... A propos, notre belle Russe, la comtesse Éva de Ronzoff, veut vous voir avant son départ.

GEORGES.

Chut!

MÉZERAY, bas.

Ah! ah!... vos affaires vont bien; Puitjallon en crève de jalousie! C'est amusant.

GEORGES.

Mais taisez-vous donc!

MADAME DE MÉNIOLES, qui est entrée; à Paula.

Mais, ma chère Paula, il n'y a pas moyen de fermer l'œil dans votre manoir. (Riant.) Moi qui comptais me rattraper ici de sept années d'insomnies... au clair de la lune... (A Mézeray.) Tiens, c'est vous, duc? vous ne faisiez pas de bruit, je vous avais pris pour un autre. (Dominique entre et porte un plateau sur lequel se trouvent le thé, les tasses et le sucrier.)

MÉZERAY.

En vérité, baronne, à vous entendre, il semblerait... (Paula prépare le thé.)

MADAME DE MÉNIOLES.

Il semblerait ce qui est... c'est-à-dire que vous êtes le duc le plus tapageur que je connaisse. (Elle va s'asseoir sur le canapé *.)

GEORGES, à Mézeray.

Qu'aviez vous donc à rire tout à l'heure en arrivant?

---

* Georges, Paula, Mézeray, madame de Ménioles.

MÉZERAY.

Ah! je riais d'une nouvelle que des paysans venaient de m'annoncer.

GEORGES.

Qu'est-ce donc? (Paula va pour porter une tasse de thé à madame de
Ménioles.)

MÉZERAY, prenant la tasse et se dirigeant vers madame de Ménioles pour
revenir à Paula.

Je vous dirai cela. Cette nouvelle a trait à une surprise que je
ménage au nouveau propriétaire de... Ah! mais au fait, j'ai oublié
de vous dire... mon château n'est plus mon château.

MADAME DE MÉNIOLES, à Mézeray.

Mais donnez donc...

MÉZERAY, donnant la tasse.

Il appartient à ce sournois de Puitjallon qui a trouvé original de
m'y inviter avec les autres pour la saison des chasses. Mais je suis
dépossédé parfaitement.

GEORGES.

Et comment se fait-il?

MÉZERAY, allant à la table.

Ah! ma foi! c'est bien simple! Vous savez peut-être que mon
domaine était évalué quatre cent mille francs et hypothéqué pour
trois cent soixante mille... Eh bien, une belle nuit, de Puitjallon
m'a gagné quarante mille francs... je ne pouvais pas les lui payer.

MADAME DE MÉNIOLES, riant.

Naturellement.

MÉZERAY, reprenant la tasse de madame de Ménioles.

Naturellement. Alors, je lui ai donné ma dernière hypothèque,
et comme il avait racheté les autres sans que je m'en doutasse, il
s'est trouvé tout à coup seigneur de Mézeray. (Riant.) Voilà!... (Il
va à la cheminée.)

PAULA.

Ce pauvre duc! (Elle s'assied à droite de la table.)

MADAME DE MÉNIOLES.

Le duc Job!

MÉZERAY.

O mon Dieu! je n'ai plus rien du tout! Mais il paraît que l'on s'occupe au sein de ma famille de régulariser ma position. On va m'interdire d'abord pour le principe, et ensuite, on me servira une pension de dix-huit mille francs pour me faciliter les moyens de me retirer sur les bords de l'Orénoque ou à Batignolles.

MADAME DE MÉNIOLES.

Il faut faire des affaires!

MÉZERAY.

C'est encore bien moral ce que vous me conseillez là. Vous trouvez que ce n'est pas assez que je me sois ruiné, vous voulez maintenant que je ruine les autres. (S'asseyant près de madame de Ménioles.) A propos, comment se porte votre mari?

MADAME DE MÉNIOLES.

Mon cher duc, votre coup de patte tombe à faux, mon mari ne fait pas d'affaires.

MÉZERAY.

Ah! c'est vrai, je confondais .. que voulez-vous, je connais tant de coquins! Mais je me souviens; M. de Ménioles fait de l'économie agricole... une profession vertueuse!... et où est-il?

MADAME DE MÉNIOLES, riant.

Il paraît qu'il s'enfonce encore une fois de plus en plus dans les terres.

MÉZERAY, riant.

Il finira par y rester, vous savez? (Avec sentiment.) Ah! baronne, si vous deveniez veuve! (Se levant.) Tiens, au fait, je ne pourrais pas vous épouser, puisqu'on va m'interdire. (Madame de Ménioles éclate de rire; à part, passant à droite et regardant Paula.) Et puis... c'est bête!... mais, Dieu me pardonne! je crois que je vais en aimer une autre (Reprenant sa gaieté.) Avec tout cela, j'ai perdu la chasse, je n'ai pas déjeuné, et j'ai l'estomac dans mes grandes bottes.

PAULA.

Voulez-vous une tasse de thé?

MÉZERAY.

Pardon, comtesse, si vous le permettez, j'irai demander à l'office une tartine de pain et de confitures.

PAULA, se levant.

Allons, c'est bien! venez, bon pauvre! On va vous servir à déjeuner.

MÉZERAY.

Comtesse, entre nous, y aura-t-il du perdreau avec les confitures ?

PAULA.

Oui, monsieur le duc.

MÉZERAY.

Tant mieux! parce que, voyez-vous, je ne peux pas manger les confitures sans perdreaux, d'abord. (Il prend le bras de la comtesse et remonte avec elle, se retournant à la baronne.) Baronne, voulez-vous déjeuner avec moi?

MADAME DE MÉNIOLES.

Non, merci.

MÉZERAY.

Vous avez tort. Nous aurions dit en même temps du mal de nos bienfaiteurs! Il n'y a rien de bon comme cela pour la digestion. (Il sort par le fond. Un domestique emporte le plateau.)

SCÈNE IV

MADAME DE MÉNIOLES, GEORGES, MARIE.

MARIE, entrant.

Monsieur de Limours, je vous annonce toute une procession de fournisseurs qui vous arrivent de Paris. Est-ce encore un costume de chasse ?

GEORGES.

C'est bon, petite railleuse... Vous permettez, madame ?

MADAME DE MÉNIOLES.

Allez donc ! ne suis-je pas chez moi ? (Georges entre à gauche.)

SCÈNE V

MADAME DE MÉNIOLES, MARIE, puis HENRI.

MARIE.

Et notre école buissonnière ?

MADAME DE MÉNIOLES.

Ce sera pour demain matin, sans faute.

MARIE.

Oh ! je ne vous crois plus. (A Henri qui entre.) Eh bien, monsieur ?

HENRI, après avoir salué madame de Ménioles *.

Mademoiselle, j'ai remis votre offrande, et je vous apporte des bénédictions.

MARIE.

Ah ! madame, on m'a envoyé de Paris des partitions nouvelles, voulez-vous les voir ?

MADAME DE MÉNIOLES.

Volontiers ! (Marie court au piano. Dans ce mouvement son grand chapeau lui tombe sur les épaules.

MARIE, riant.

Ah ! mon chapeau !... Eh bien , je viens de courir dans le parc avec Madeleine, et tout le temps, il m'a joué le même tour.

HENRI.

Pourquoi ne portez-vous pas des chapeaux comme ceux de madame de Ménioles?

* Marie, Georges, madame de Ménioles.

MARIE.

Mon Dieu! monsieur, parce que je n'en ai pas. Est-ce que vous allez parler toilette à présent?

HENRI, à madame de Ménioles.

C'est qu'en vérité, madame, hier j'admirais votre coiffure!... ces petites merveilles emplumées donnent un piquant à la physionomie!

MARIE, à part.

Encore! quand je le disais! (Elle se met à fouiller dans ses partitions.

MADAME DE MÉNIOLES, riant.

Eh bien, mais, je vous trouve poli, monsieur. Comme cela, quand je n'ai pas mon chapeau, ma physionomie n'a pas de piquant?

HENRI.

Oh! madame!...

MARIE, à part.

C'est bien fait!

MADAME DE MÉNIOLES.

Je plaisantais.... Mais voyez-vous, M. Henri, le chapeau le plus merveilleux du monde est celui qui ombrage un front de seize ans.

MARIE.

Oh! quel bonheur! La musique de *Lalla-Rouck*! (Elle saute en frappant des mains, et dans ce nouveau mouvement, son peigne tombe à terre et ses cheveux roulent sur ses épaules, sans y prendre garde.) Le grand succès de l'Opéra-Comique. (Madame de Ménioles rit, Henri ne peut retenir un mouvement d'humeur.)

HENRI, un peu sèchement.

Mademoiselle Marie, vos cheveux sont défaits!

MARIE, qui commençait à jouer.

Mes cheveux? mes cheveux? Soyez tranquille, je ne les perdrai pas! (Elle les rattache en un tour de main.)

HENRI, voulant sonner à la cheminée.

Mais, mademoiselle, il faudrait...

MADAME DE MÉNIOLES, riant.

Mais laissez-la donc, monsieur !

MARIE, jouant.

Oh ! il est bien méchant, allez ! madame... Il gronde toujours. Il me rappelle une vieille sœur tourière que j'avais au couvent. (Elle s'assied et joue du piano.)

MADAME DE MÉNIOLES, riant encore.

Allons ! allons ! monsieur, quittez ce front sévère. La plus perdue de toutes les journées est celle où l'on n'a pas ri, a dit Chamfort. Riez donc, monsieur de Francheterre.

HENRI, à part, passant derrière le canapé.

La railleuse ! je la comprends. La petite provinciale simple et naïve fait mieux ressortir encore l'élégante Parisienne !

MARIE, s'arrêtant.

Oh ! que c'est joli ! (Dans un soubresaut qu'elle fait, elle attrape le piano, la partition et le reste. Tout dégringole. Avec un cri.) Oh ! maladroite que je suis ! je vais être encore grondée ! (Elle éclate de rire.)

MADAME DE MÉNIOLES se lève.

L'adorable enfant !

HENRI, à mi-voix.

Est-ce une raillerie, madame ?

MADAME DE MÉNIOLES.

Mais non, monsieur. Pourquoi une semblable question ?

HENRI.

Oh ! pardon ! mais c'est que... depuis quelques jours, j'ai cru remarquer que l'ironie était aux Parisiennes ce que le poignard est aux Espagnoles, et je crois toujours que vous avez des armes cachées.

MADAME DE MÉNIOLES.

Moi, monsieur de Francheterre, j'ai cru m'apercevoir que l'amour-propre était aux gentilshommes tourangeaux ce que le stylet est aux Italiens, et vous me faites l'effet d'être armé jusqu'aux dents !

HENRI, un peu honteux.

Madame... (Marie, pendant ce temps, a ramassé sa musique.)

MADAME DE MÉNIOLES, à mi-voix.

Prenez garde, monsieur Henri. Nous autres femmes, quand nous nous mettons à devenir coquettes, on ne peut pas savoir où ça s'arrêtera.

UNE FEMME DE CHAMBRE, paraissant à droite.

Madame la baronne.

MADAME DE MÉNIOLES, montrant la femme de chambre à Henri.

Tenez, moi, je ne m'arrête déjà plus, et voilà Julienne qui vient me chercher pour donner du piquant à ma physionomie. Au revoir monsieur. A bientôt, chère enfant. (Elle sort.)

SCÈNE VI

HENRI, MARIE.

Marie va çà et là en quittant madame de Ménioles, Henri la suit du regard.

HENRI, à part.

J'ai bien deviné. Ces femmes à la mode tiennent à garder pour elles le secret de leurs élégances, secret que, j'en suis bien sûr, mademoiselle Marie ne découvrira jamais toute seule.

MARIE, qui a paru gênée par l'observation obstinée de Henri. A part.

Allons ! encore ce vilain regard inquisiteur qui me suit partout. Que veut-il dire ? Oh ! je le saurai ! Car c'est impatientant ! (Après un moment de silence.) Monsieur Henri, pourquoi me regardez-vous donc ainsi, maintenant ?

HENRI.

Maintenant ?

* Marie, Henri.

MARIE.

Oui, monsieur, oui ! vous ne me regardez plus comme autrefois.

HENRI, embarrassé.

Par exemple !

MARIE.

Oh ! il y a plusieurs jours déjà que j'ai fait cette remarque. Ainsi, vous me regardez marcher, vous me regardez m'asseoir, avec des yeux où brille je ne sais quoi. Mais enfin, pas quelque chose de flatteur.

HENRI, même jeu.

Eh ! mon Dieu ! où avez-vous pris cela ?

MARIE.

Dans mes observations, monsieur ; ainsi, j'ai bien vu que vous regardez beaucoup aussi madame de Ménioles ; mais ce n'est plus cela, mais plus du tout. De ce côté, votre regard semble dire : Quelle charmante femme ! et qu'elle est gracieuse ! comme tout lui sied bien ! qu'elle est élégante quand elle marche ! et élégante quand elle ne marche pas ! De mon côté, à moi, votre regard semble dire au contraire : Mon Dieu ! que cette petite fille est donc gauche ! ne va-t-elle pas mettre son ombrelle dans l'œil de quelqu'un ? ne va-t-elle pas s'asseoir à côté de sa chaise ? Très-certainement tout à l'heure elle va marcher sur sa robe et passer sous une voiture. (Henri éclate de rire.) Riez ! riez ! monsieur ; mais j'en suis pour ce que j'ai dit. (Elle s'assied sur le canapé.)

HENRI.

Chère Marie, je vous en conjure ?

MARIE.

Mais vous n'avez donc pas vu que je m'en apercevais, monsieur ? Oh ! les hommes ! Ils ne remarquent rien ; pourtant, quand vous me regardiez ainsi, j'étais tout embarrassée, toute sotte, je ne savais plus que faire ni de ma tête, ni de mes bras. Je me disais : Est-ce que je suis laide aujourd'hui ? Serais-je devenue bossue ? Est-ce que j'ai le nez rouge ? C'est vrai, et tenez... là, voilà encore ce vilain regard de gendarme qui vérifie un passe-port.

HENRI.

Oh !

MARIE, s'animant.

Qui est changé de nous deux? Est-ce moi? Est-ce vous ? je veux
que vous me répondiez, monsieur, ou bien... je ne vous donne plus
le bras de huit jours... et puis, je ne vous aime plus après.

HENRI, embarrassé.

Marie... devant une telle menace... il faut bien...

MARIE.

Certainement, monsieur.

HENRI.

Eh bien... s'il faut vous l'avouer, je voudrais... je désirerais
qu'avec ce tact exquis que possède ma jolie fiancée, elle prît... de
la femme dont elle parlait tout à l'heure, certaines... manières, certaines... allures... enfin... ce je ne sais quoi qui donne aux moindres ajustements de Paris ce qui manque peut-être un peu à ceux
de la Touraine.

MARIE, éclatant.

Dites tout de suite, monsieur, que je suis mal mise, que je suis
fagotée! que je suis mal élevée, sans grâce, sans tournure, sans
esprit, sans rien du tout.

HENRI, voulant la calmer.

Oh! Marie!...

MARIE.

C'est bien, monsieur, c'est bien. Je dirai à mon frère que vous
ne voulez plus être mon mari, et j'épouserai un bon gros Touran-
geau bien vilain, mais qui ne rougira pas de moi.

HENRI.

Mais si je vous ai dit cela, Marie, c'est au contraire parce que
je vous trouve si parfaite pour... tout le reste que je voudrais que
le regard, même le plus aristocratique, ne se reposât sur ma jolie
fiancée qu'avec une entière complaisance.

MARIE.

C'est-à-dire que, pour qu'une femme vous plaise, messieurs, il faut qu'elle plaise d'abord à tout le monde. C'est-à-dire qu'une fois votre femme, pour conserver quelque charme à vos yeux, je devrai passer au milieu des modistes et des couturières tout le temps que j'aurais pu passer avec vous. C'est-à-dire enfin que, pour garder votre cœur, il me faudra devenir indifférente, légère, mordante et coquette ! Eh bien, il suffit, monsieur Henri. J'irai demander des conseils aux femmes que vous me désignez pour modèles, je les copierai de tous points, et nous verrons bien si, quelque jour, vous ne regrettez pas la petite provinciale, la petite pensionnaire.

HENRI.

Marie, comprenez-moi !

MARIE, se retournant, avec des larmes.

Oh ! je vous comprends bien, monsieur, je comprends que votre orgueil parle plus haut que votre amour ; je comprends que vous vous êtes déjà laissé enivrer par le prestige des élégances parisiennes ! je comprends enfin que vous ne m'aimez pas comme je vous aime !

HENRI.

Marie ! Marie !

SCÈNE VII

LES MÊMES, RICHARD*.

RICHARD, qui est entré depuis un moment.

Que vois-je ! des larmes ? (A Henri.) Et c'est vous, monsieur, qui les faites couler ?

HENRI.

Monsieur de Celves, il faut vous dire que...

RICHARD.

Vous avez tort.

* Marie, Henri, Richard.

MARIE, au milieu de ses larmes, à Henri.

La ! vous voyez ?

HENRI, à Marie.

Je vous conjure de...

MARIE.

Laissez-moi, monsieur. (A Richard.) Monsieur de Celves, pardon !... mais je ne saurais vous tenir compagnie, j'ai trop envie de pleurer. (Elle s'éloigne.)

HENRI, cherchant à la retenir.

Mademoiselle Marie !

RICHARD, la retenant.

Elle ne vous écoute pas! c'est bien fait ! Cette pauvre enfant ! mais vous êtes donc des monstres en Touraine ?

HENRI.

Mais en vérité, mon cher monsieur de Celves, je ne comprends rien à ce violent désespoir pour quelques petits conseils que...

RICHARD.

Ah! très-bien ! je sais de quoi il est question. Vous m'avez éclairé hier par un mot et... ne vous fâchez pas, mon gentilhomme. Je vous dirai que vous êtes un fou !

HENRI.

Mais...

RICHARD.

Le plaisant de l'affaire, c'est que vous tombez justement sur madame de Ménioles, la baronne la plus fantaisiste du faubourg Saint-Germain, qu'elle égaye parfois jusqu'aux larmes avec ses rêveries de toilette et ses airs évaporés.

HENRI.

Comment ?

RICHARD, riant.

Eh! sans doute ! Tenez, si vous m'en croyez, vous vous empresserez d'aller faire amende honorable et... (Ses yeux se sont portés au dehors, il pousse un cri de surprise.) Grand Dieu !

HENRI.

Qu'y a-t-il ?

RICHARD.

Là-bas, au bout de l'avenue... C'est elle !

HENRI.

Qui donc ?

RICHARD, joyeux.

Mais, ma chère Hélène ! la marquise de Verveda ? Enfin ! la voilà ! C'est qu'elle est encore plus jolie que jamais ! (à Henri.) Ah ! mon cher monsieur de Francheterre, si vous étiez bien aimable ?...

HENRI.

Oui, j'irais me promener. Mais si je fais cela, je vais devenir votre complice.

RICHARD.

Dites mon allié ! Bah ! abandonnez donc l'Espagnol.

HÉLÈNE, paraît.

Sauvez-vous ! (Henri sort à droite.)

DOMINIQUE, entrant en suivant Hélène.

Je vais avoir l'honneur d'annoncer madame la marquise.

HÉLÈNE.

C'est bien, mon ami ! (Elle descend à droite et va s'asseoir sur le canapé. Dominique sort.)

SCENE VIII

RICHARD, HÉLÈNE *.

RICHARD.

Ah ! ma jolie Hélène, vous ne m'échapperez plus !... (Il s'avance doucement et à demi voix.) Madame !

HÉLÈNE avec un cri d'effroi.

Ah ! vous ici, monsieur ! (Elle va pour se lever.)

* Richard, Hélène.

RICHARD

Oui, et c'est ma bonne étoile qui m'y a conduit ! Oh ! que je suis heureux, marquise !

HÉLÈNE se levant, très-troublée.

Monsieur, je précède mon mari de quelques pas seulement. Il peut arriver d'un instant à l'autre. Retirez-vous, je vous en prie.

RICHARD, allant à elle.

Vous me chassez, moi, qui ne vivais plus depuis que j'avais perdu vos traces ! Vous me chassez au moment où je vous trouve ! Ah ! c'est être trop cruelle aussi !

HÉLÈNE.

Monsieur... (Elle fait quelques pas pour sortir. Richard se place devant elle).

RICHARD.

Non, non... Je ne vous quitterai pas, car ma vie est attachée à une espérance que vous m'avez refusée jusqu'ici, et qu'il faut que vous me donniez si vous voulez que je vive.

HÉLÈNE, tremblante.

Mais je suis mariée, monsieur, et vous ne m'avez donc pas entendue tout à l'heure? Mon mari est sur mes pas, et s'il avait le moindre soupçon !

RICHARD, d'un ton tragique.

Oui, oui, j'ai bien compris, à la terreur qu'il vous inspire, ce que doit être l'homme auquel vous avez lié votre vie ; je sais que mille dangers m'environnent, mais je sais aussi que je serais heureux de les braver tous pour un seul de vos sourires.

HÉLÈNE.

Mais ces dangers, monsieur, il me faudrait les partager avec vous, et je ne le veux pas, et... je ne le dois pas...

RICHARD.

Oh ! chère Hélène ! c'est donc vous enfin que mon cœur appelait, vous que cherchait mon âme !

4.

HÉLÈNE, de plus en plus effrayée.

Monsieur, monsieur, taisez-vous !

RICHARD, à part.

Que la frayeur lui va bien ! (reprenant) Oui, c'était vous, vous seule ! Et votre mari !... c'est un vol qu'il m'a fait, madame ! Oui, il m'a volé mon bonheur !... J'ai donc bien le droit de le lui reprendre.

HÉLÈNE.

Mais vous êtes fou, monsieur !

RICHARD, avec amour.

Eh bien, oui, et fou à lier ! enchainez-moi donc... par la reconnaissance ! (Il veut lui prendre la main.)

HÉLÈNE.

Mais vous m'épouvantez, monsieur. (Suppliante.) Allez-vous-en ! nous ne devons plus nous revoir.

RICHARD.

Oh ! ne l'espérez pas !... Et si vous me repoussez encore sans une bonne parole, je vais faire, je vous en préviens, toutes les extravagances imaginables !... Je vais devenir plus Espagnol que votre Espagnol de mari lui-même.

HÉLÈNE, à moitié folle.

Mais, monsieur...

RICHARD.

Oh ! chère Hélène !

HÉLÈNE.

C'est affreux !... vous ne deviez pas me parler ainsi !... J'étais calme et heureuse... vous ne deviez pas venir troubler mon repos... mon bonheur !...

RICHARD, avec passion.

Mon Hélène !

HÉLÈNE avec éclat.

Ah ! vous ne savez pas le mal que vous m'avez fait !... Vous ne

savez pas le mal que vous vous serez peut-être fait à vous-même !
(Elle tombe sur le canapé.)

RICHARD, fou de joie, lui saisissant la main qu'il embrasse.

Oh! vous m'aimerez! vous m'aimerez!...

(On entend la voix de Guibert.)

HÉLÈNE, se levant, et avec effroi.

Ah! on vient! (Richard remonte à gauche, Hélène descend à l'extrême droite.)

SCÈNE IX

Les Mêmes, GUIBERT et HENRI, puis GEORGES, PAULA et MARIE, puis MÉZERAY et MADAME DE MÉNIOLES, et enfin DOMINIQUE.

GUIBERT, en entrant, à Henri.

Mon Dieu oui. monsieur Henri, j'ai encore perdu mon neveu. Deux cavaliers passaient comme le vent sur la route... deux cavaliers dont une femme.. Hippolyte a poussé un cri et s'est élancé dans le bois. Il doit y avoir encore quelque bêtise là-dessous. (Il salue Hélène, et aussitôt Paula et Marie arrivent par le fond, et Georges par la droite.)

PAULA, courant à Hélène.

Ma chère Hélène! que j'ai d'excuses à vous faire ! (Elle l'embrasse et s'assied près d'elle sur le canapé.)

GEORGES.

En effet, madame, mais c'est la faute de Dominique! Il nous croyait occupés, et c'est à l'instant seulement qu'il nous prévient de votre arrivée.

HÉLÈNE, un peu embarrassée.

Consolez-vous, mon ami, M. de Celves me tenait compagnie.

MÉZERAY, entrant du fond avec madame de Ménioles qui égraine avec lui une grappe de raisin.

Ah! comtesse, madame de Ménioles s'est ravisée. Nous venons

de faire la dinette ensemble, vous voyez! (Apercevant Hélène) Oh! pardon! (La reconnaissant.) Eh! mais, c'est madame de Vervéda! Permettez! (il lui baise la main) et... où est donc notre fier descendant du Cid? où est donc votre cher époux, marquise?

HÉLÈNE.

Je l'ai laissé à Tours, et...

MÉZERAY, riant.

Quelque missive, je parierais, à confier à l'électricité!... D'honneur, jamais je ne vis homme, ici-bas, bourré à ce point de télégrammes. Il correspond avec le monde entier. Il étend à la fois ses deux bras sur les deux hémisphères.

HÉLÈNE, à Georges.

Ah! monsieur le comte! mon mari est, à ce qu'il paraît, porteur d'une grande nouvelle pour vous.

GEORGES.

Une grande nouvelle?

HÉLÈNE, souriant.

Je ne puis, par malheur, le priver du plaisir de vous l'annoncer lui-même, attendu que M. le marquis ne me dit jamais rien, vous le savez!

RICHARD, bas.

Je parlerai pour lui, moi!... (Dominique paraît au fond; il à l'air embarrassé.)

GEORGES.

Qu'y a-t-il, Dominique?

DOMINIQUE.

Monsieur le comte, il y a quelqu'un là ..

GEORGES.

Son nom?

DOMINIQUE.

Je le lui ai demandé, monsieur le comte, mais ce monsieur m'a dit d'annoncer : le Juif errant.

MÉZERAY.

Le Juif errant! je vais lui emprunter ses cinq sous.

GEORGES.

Qu'est-ce que cela veut dire?... Ah! j'y suis!... ce doit être André! (Il remonte.)

ANDRÉ, paraissant.

Eh! oui! parbleu! c'est moi! (Ils s'embrassent.)

SCÈNE X

Les Mêmes, ANDRÉ DE FUGÈRES[*].

GEORGES, dans ses bras.

André! mon ami!

ANDRÉ.

Mon bon Georges! (A Richard.) Et toi, mon vieux Richard! Tous deux en bonne santé, bravo! (Il descend en scène; il aperçoit Paula et Marie; à Georges qui les lui présente.) Ta femme...? ta sœur...? (Gaiement.) Permettez, mesdames... (Il embrasse Paula.) C'est un vœu que j'ai fait en mer. (Il embrasse Marie; celle-ci remonte.) Charmante enfant!

GEORGES.

Vivant! tu es vivant!

ANDRÉ.

Oui, comme tu vois.

HENRI.

Chère Marie!

MARIE, vivement.

Pardon, monsieur. (Elle sort.)

GEORGES.

Viens donc que je te présente. (Aux autres.) M. André de Fugères, mon meilleur ami, mon frère!

_____

[*] Madame de Ménioles, Guibert, Mézeray, Henri, Georges, Paula, Richard.

ANDRÉ.

Bien dit, Georges. Oui, ton frère et toujours!

GEORGES.

Ah! çà, mais, qu'as-tu donc fait depuis sept ans, malheureux?

ANDRÉ.

Ce que j'ai fait? Parbleu! quand j'ai su que tu te mariais, toi, mon fidèle compagnon de voyage, j'ai repris seul le bâton du pèlerin. (Il s'assied.) Cédant à l'unique passion que Dieu eût mise en moi, je me suis mis à jeter ma vie dans les cinq parties du monde, marchant au hasard dans l'univers, ma patrie, et ne laissant mon cœur nulle part. J'ai habité l'Inde, le pays des enchantements! J'ai rêvé sur les bords fleuris du Gange. J'ai parlé le sanscrit comme un ancien brahmine! J'ai mêlé ma voix aux chants religieux des processions. J'ai mêlé mes pas aux danses voluptueuses des bayadères. J'ai même eu deux éléphants à moi!... Mais on se lasse de tout, même des éléphants. J'ai quitté l'Inde. J'ai couché sous la hutte des Esquimaux, navigué sur leurs bateaux d'écorce et pratiqué, comme eux, la polygamie; mais je ne pouvais pas me faire à la nourriture. L'huile de baleine ne me réussissait pas, je suis parti; j'ai visité le nouveau Mexique, j'ai suivi les bords du lac Salé et de la rivière de l'Or, et j'ai été fêté, dorloté par les Apaches. Ils voulaient même me nommer chef de tribu; mais il fallait se peindre en bleu; et le bleu ne me va pas. J'ai abdiqué! Bref! j'ai tout vu, tout visité, j'ai vécu sur la glace avec les ours blancs, et sous le soleil avec le père Tropique. J'ai vu de gros singes qui ressemblaient à des hommes, et des hommes qui ressemblaient à de gros singes; j'ai tué des tigres, apprivoisé des serpents, dévalisé des voyageurs... J'ai fait naufrage, j'ai eu la fièvre jaune!... Enfin, je n'ai pas perdu mon temps, va! Arrivé à Paris, j'apprends que tu es en Touraine, et j'accours pour te dire : Bonjour, frère Georges, comment vas-tu? (Il lui serre la main.)

MÉZERAY, allant à André, à part.

Il est ravissant, ce monsieur (A André.) Monsieur, vous me plaisez infiniment. (Il lui tend la main.)

GEORGES, à André.

M. le duc de Latouche-Mézeray.

ANDRÉ.

Oh! j'ai entendu parler de monsieur. (A Mézeray.) Vous avez mangé 1,800,000 francs en deux ans?

MÉZERAY.

Oui, monsieur.

ANDRÉ.

Vous avez joliment bien fait! Touchez là! (Ils se donnent la main; reconnaissant Guibert qui prend une prise de tabac.) Eh! parbleu! mais c'est M. Faustin Guibert, jadis ton tuteur...

GUIBERT.

Moi-même... enchanté de...

ANDRÉ.

Et votre neveu, qu'est-ce que vous en faites?

GUIBERT.

Oh! mon Dieu! rien du tout! je le promène. Il a eu des chagrins, il a été trompé par deux femmes.

ANDRÉ.

Elles se sont mises deux pour ça?

GUIBERT.

Oh! non! l'une après l'autre. Toujours est-il que son cœur est brisé.

ANDRÉ.

Je connais ça... le mien a été cassé une fois. C'était dans la Nouvelle-Calédonie... (S'interrompant.) Oh! mais pardon! ces dames ont-elles des éventails?

MADAME DE MÉNIOLES, souriant et faisant signe à Guibert de lui donner le sien.

Oui, monsieur.

ANDRÉ, assis sur le canapé.

Très-bien. Je puis continuer. Vous saurez donc, mesdames, que j'étais tombé éperdument amoureux d'une jeune Calédonienne brune et antropophage. Un brick s'étant perdu sur les côtes, elle avait, disait-on, puissamment contribué à l'absorption de l'équipage. J'aurais dû peut-être me méfier de cette femme-là... mais... l'amour est aveugle. Je me disais : Eh! mon Dieu! quelle est la femme qui n'a pas ses petits défauts?

GUIBERT, avec indulgence.

Chaque peuple a ses usages.

ANDRÉ.

Parfaitement!... Eh bien, elle me trompait avec un de ses coreligionnaires. Une nuit...

GUIBERT.

Ils ont voulu vous tuer?

ANDRÉ.

D'abord, et me manger ensuite. Il y avait le lendemain un grand repas de famille, et je figurais dans le menu flanqué de bananes. Depuis ce temps-là je ne crois plus à l'amour. (Les femmes rient et ferment leurs éventails.)

SCÈNE XI

LES MÊMES, MARIE, puis ÉVA DE RONZOFF, DE PUITJALLON et HIPPOLYTE, soutenu par deux domestiques, et ensuite LE MARQUIS DE VERVEDA.

MARIE, accourant.

Ah! Georges!... Georges!...

GEORGES.

Qu'y a-t-il?

MARIE.

Bien sûr, il est arrivé un accident à M. Hippolyte.

GUIBERT.

A mon neveu?

MARIE.

Tenez, voyez-vous! On le soutient! Il peut à peine marcher.

GUIBERT.

Allons! qu'est-ce qu'il y a encore?

HIPPOLYTE, entre deux domestiques.

Doucement, doucement! je crois que j'ai quelque chose de cassé.
(On le conduit à la table ; les domestiques remontent. Guibert reste près d'Hippolyte*.)

GUIBERT.

Est-ce que tu as voulu embrasser encore une statue?

HIPPOLYTE.

Non, non, mon oncle... (Guibert le fait asseoir à gauche.)

ANDRÉ, regardant Hippolyte.

Ah! voilà donc le neveu?

MARIE.

Comment vous sentez-vous?

HIPPOLYTE.

Oh! ma plus cruelle blessure n'est pas là?

MARIE, étonnée.

Comment?

GUIBERT.

Veux-tu te taire, animal!

DOMINIQUE, annonçant.

M. de Puitjallon! Madame la comtesse de Ronzoff!

ANDRÉ, à part.

Éva!

GEORGES, à part.

Elle ici?

---

* Hippolyte, Guibert, Henri, Richard, Georges, madame de Ménioles, Mézeray
Paula, Hélène.

MÉZERAY, à part.

Ensemble !

ANDRÉ, de même.

Voilà qui est singulier !

GEORGES, de même.

Quelle fatalité ! (De Puitjallon entre, donnant le bras à la comtesse Éva*.)

PUITJALLON, s'inclinant.

Monsieur le comte... (A Paula) Madame, excusez-nous, mais nous n'avons pas cru devoir abandonner votre jeune blessé aux soins de nos domestiques.

PAULA, à part.

Georges est bien ému ! Qu'a-t-il donc ?

GUIBERT.

Mais qu'est-il arrivé ?

ÉVA.

Mon Dieu ! monsieur, je ne sais quel vertige a saisi ce jeune homme ; mais, comme nous traversions une clairière, il s'est jeté tout à coup devant moi. Nous étions lancés à fond de train. Je n'ai pas eu le temps de retenir mon cheval, et alors...

GUIBERT.

Ah ! je comprends ! mon imbécile avait cru reconnaître...

HIPPOLYTE, d'une voix dolente.

Fanny Périer, mon oncle...

ANDRÉ, qui s'est avancé vers Éva.

Madame la comtesse !...

ÉVA, avec un mouvement, à part.

Lui !

ANDRÉ.

Me permettra-t-elle ?...

---

* Guibert, Hippolyte, Henri, Mézeray, Richard, au fond ; Puitjallon, Éva, au milieu de la scène ; Mézeray au-dessus d'Éva ; Paula, Marie sur le même plan qu'Éva ; André à l'extrême droite, qui observe la scène.

ÉVA, saluant.

Monsieur, je suis heureuse de vous rencontrer...

ANDRÉ, à part.

Je ne crois pas!

PAULA, qui observe Georges, à part.

Georges connaît-il donc cette femme?

ÉVA, contenant son trouble.

Vous m'assurez que cet accident n'aura pas de suites fâcheuses... Nous n'avons donc plus qu'à nous retirer en vous priant, madame, de vouloir bien nous pardonner la façon un peu brusque dont nous nous sommes présentés chez vous.

PAULA, s'inclinant légèrement.

Madame...

PUITJALLON, avec une intention maligne.

Du reste, monsieur le comte, cet événement nous permettra, à madame de Ronzoff et à moi, de vous faire nos adieux, pour le cas où, par malheur, nous n'aurions pas le plaisir de... (appuyant) de vous revoir au château... (Mouvement de Georges.)

PAULA, qui ne le quitte pas des yeux, à part.

C'était pour elle qu'il y allait!

MÉZERAY, bas, à Georges.

Ce sournois de Puitjallon se venge des préférences dont vous avez été l'objet. (Il remonte au fond.)

ANDRÉ, à part.

Oh! oh! ou je me trompe fort, ou il y a quelque anguille sous roche! une anguille à la tartare!

PUITJALLON, allant à un des valets restés au fond.

Faites avancer les chevaux.

PAULA, avec une émotion contenue à Éva.

Madame .. quittez-vous donc sitôt notre belle Touraine?

ÉVA.

Hélas! oui, madame, je ne puis rester davantage.

PAULA, de même.

Et... vous partez...?

ÉVA.

Dans trois jours. (Mouvement de Georges.)

PAULA, à part.

Trois jours! C'est bien cela!... Il devait la suivre!

MARIE, bas, à Paula.

Qu'as-tu donc?

PAULA, se remettant.

Rien, rien, Marie.

MÉZERAY, qui était au fond et lorgnait.

Ah! enfin, voilà donc M. de Verveda.

RICHARD.

Je vais donc le voir.

MÉZERAY, à Verveda, qui entre.

Eh bien, marquis, cette nouvelle?

VERVEDA.

On l'apprendra toujours trop tôt!

RICHARD, à part.

Comment, c'est ça l'hidalgo!

MÉZERAY, au fond.

Ah! nos paysans ne se trompaient pas, ça monte! ça monte!

GEORGES.

Eh bien, monsieur le marquis?

VERVEDA.

Monsieur le comte, j'ai le regret de vous apprendre que monsieur votre oncle...

GEORGES.

Eh bien, mon oncle?

VERVEDA.

N'existe plus!

PAULA.

Mon Dieu!

GEORGES.

Mon oncle est mort, dites-vous?

LE MARQUIS.

Oui, mais après avoir, grâce à mes conseils, déchiré l'acte qui vous déshéritait... De sorte qu'à cette heure vous êtes seul héritier... et M. le marquis, votre oncle, laisse une fortune de huit millions. (Mouvement; Georges chancelle et semble sur le point de tomber.)

PAULA, avec un cri douloureux.

Mort!

GEORGES, dans une sorte d'enivrement fiévreux.

Huit millions, à moi!... (Allant à Paula.) A vous... Paula... à toi, Marie; huit millions! Vous êtes bien sûr de ce que vous dites?

LE MARQUIS.

Comment, si j'en suis sûr!

GEORGES.

Alors vous avez vu anéantir l'acte en question.

LE MARQUIS, tirant de sa poche des morceaux de papier de toute sorte.

Votre oncle l'a déchiré devant moi, et en présence de son notaire; et, si vous en doutez, parbleu!... tenez, en voici les morceaux.

GEORGES, se ruant sur le papier.

Oui, oui, c'est vrai... les voilà!... je les touche, je les tiens...

VERVEDA, prenant un autre papier.

Et voici, de plus, une copie de ses dispositions nouvelles. Il s'y trouve même une clause assez singulière... Tenez! (Il lit *.) « Je défends absolument à mon cher neveu que j'ai tant affligé pendan t

* Éva, Georges, Hippolyte, Richard, Guibert au fond; Mézeray à la porte; Puitjalion au-dessus de Verveda et d'André; Hélène, madame de Ménioles près du canapé, Paula, Marie.

ma vie, de me pleurer après ma mort : une larme dans ses yeux ou un crêpe à son chapeau suffiraient pour entraîner la nullité du présent acte. » (Mouvement d'étonnement.)

GEORGES.

Ainsi... je ne suis pas le jouet d'un rêve ! millionnaire ! je suis plus riche que jamais ! Huit millions ! c'est-à-dire le luxe, les fêtes splendides, comme autrefois ! c'est-à-dire pour le nom de Limours un nouvel éclat... un rayonnement nouveau ! la vie enfin ! Ah ! j'étouffais ! je respire !...

PAULA, à part, avec douleur.

O ma pauvre Touraine ! ô mes beaux jours perdus !

ÉVA, qui a paru suivre cette scène avec un intérêt palpitant ; d'une voix troublée, à Paula.

Recevez, madame, nos compliments de condoléance... mais permettez-nous de vous féliciter de la...

MÉZERAY, qui était au fond.

Ah ! ça y est ! La Loire déborde et, à cette heure, on navigue dans la salle de mes ancêtres.

PUITJALLON.

Que voulez-vous dire ?

MÉZERAY.

Je veux dire que vous m'avez exproprié et que la Loire vous exproprie à son tour. Du reste, il n'y a jamais chez moi plus de deux pieds d'eau. C'est comme cela depuis trois siècles. Voilà la surprise que je lui ménageais. (Musique au loin.)

LE MARQUIS.

Mais alors...

MÉZERAY.

Il n'y a pas de danger ici.

LE MARQUIS.

Est-ce que vous n'entendez pas le bruit des vagues ?

MÉZERAY, riant.

Mais non... C'est le bruit des chansons. (On entend un chœur au loin.)
Vous voyez que nos Tourangeaux ne s'inquiètent guère. Leurs
raisins sont rentrés, et ils chantent la vendange.

RICHARD.

Quel drôle d'Espagnol!...

LE DOMESTIQUE, au fond.

Madame, les chevaux sont prêts!

MÉZERAY.

Eh bien, fais-les mettre à l'écurie.

PUITJALLON.

Mais...

MÉZERAY.

C'est un bateau qu'il vous faudrait, mon cher.

ÉVA.

Que faire alors?

GEORGES.

Accepter, madame, l'hospitalité que, pour quelques jours, madame la comtesse sera heureuse de vous offrir. (Paula s'incline à
peine. — Georges à part regardant Éva.) Je pourrai donc la revoir! La
fortune me sourit, tout à présent doit me sourire.

PAULA, à part.

Oh! ce regard! mes pressentiments ne me trompaient donc
pas?...

LE CHOEUR, à peu de distance du château.

Adieu, paniers, vendanges sont faites.

PAULA, écoutant avec douleur.

Mon bonheur est perdu! et elle dit vrai, la chanson des vendan-
geurs! (Répétant avec le refrain.)

Adieu, paniers, vendanges sont faites.

ÉVA, à part et d'un ton singulier.

Huit millions!... (Elle jette un regard sur les papiers qui sont sur la table; elle fait un mouvement en voyant André qui ne la quitte pas des yeux.)

ANDRÉ, qui l'observe, à part.

Oh! je lis dans votre cœur, ma belle Moscovite... Allons! allons... J'ai bien fait, je crois, de ne pas me laisser manger par mon amante!

ACTE TROISIÈME

A Paris

Un salon à l'hôtel de Georges. — Porte au fond. — Portes dans les pans coupés.
— A gauche une fenêtre. — A droite, une cheminée, face au public ; une table
sur laquelle se trouvent un stylet, une statuette. — A gauche, un canapé.

SCÈNE PREMIÈRE

ANDRÉ, et aussitôt DOMINIQUE, puis GUIBERT. André est
assis à gauche la tête dans ses mains et semble réfléchir.

DOMINIQUE, entrant.

Ainsi que vous me l'aviez ordonné, monsieur, j'ai insisté auprès
de M. Guibert... Il s'est enfin levé (l'apercevant qui entre), et le
voilà.

GUIBERT, en costume du matin *.

Eh! mon Dieu! mon cher monsieur de Fugères, dites-moi, je vous
prie, quelle mouche vous pique pour tirer ainsi de son lit, à onze
heures du matin, un honnête bourgeois qui n'a fait de mal à personne et qui a l'habitude de ne se lever qu'à midi.

ANDRÉ.

Monsieur Guibert, j'ai à vous parler.

GUIBERT.

Eh! pardieu! je le pense bien! mais il me semble que vous
eussiez pu choisir un moment plus opportun... et... (A Dominique qui

* André, Guibert.

5.

arrange le feu.) C'est cela, Dominique un feu d'enfer ; ces premiers jours de décembre sont d'un glacial ! Et on appelle les champs Élysées le séjour des bienheureux... merci ! Il souffle du bois de Boulogne une bise... (Dominique s'en va.)

ANDRÉ.

En effet, monsieur Guibert. Et il y avait même, cette nuit, quinze degrés de froid !

GUIBERT.

Est-ce que c'est pour me dire ça que... ?

ANDRÉ, continuant.

La neige tombait, un vent du nord la fouettait au visage de la pauvre femme qui, cependant est restée pendant quatre heures sur ce balcon là-bas, grelottant et pleurant.

GUIBERT.

Et de qui diable me parlez-vous ?

ANDRÉ.

De la comtesse de Limours, qui, depuis un mois, peut-être, attend ainsi Georges l'ingrat, Georges l'infidèle...

GUIBERT.

Il se pourrait? madame de Limours ?

ANDRÉ.

Madame de Limours a, depuis un mois, des jours sans repos et des nuits sans sommeil... C'est Dominique qui me l'a dit... j'ai voulu m'assurer par moi-même de la vérité, j'ai veillé toute la nuit, et, toute la nuit, j'ai vu une ombre blanche qui semblait se pencher attentive au moindre bruit... C'était la comtesse, monsieur Guibert, qui était là, comprimant de ses deux mains son cœur dévoré de jalousie.

GUIBERT, contrarié.

Eh bien, qu'est-ce que je peux faire à cela, moi?

ANDRÉ.

Beaucoup, monsieur Guibert ; mais d'abord, dites-moi, vous n'avez peut-être pas remarqué une chose?... C'est que vous et moi,

par des chemins différents, nous sommes arrivés tout juste au même
point, c'est-à-dire à l'isolement. Il n'y a pas à se faire illusion...
nous vieillissons, monsieur Guibert; et tenez, hier, entre nous
soit dit, j'ai trouvé un cheveu blanc là, sur la tempe gauche.

GUIBERT.

Tiens... moi, j'en ai trouvé un noir.

ANDRÉ.

Je ne ris pas, monsieur Guibert.

GUIBERT.

Mais moi non plus.

ANDRÉ.

Vous ne sauriez croire dans quel réseau de réflexions m'a jeté
tout à coup ce cheveu fantastique... je me suis vu vieux, avec la
goutte, incapable de gravir la moindre Cordillère... je me suis vu
seul, isolé, inutile... car je n'ai pas de famille, et vous n'en avez
pas non plus... Les gens qui nous entourent, eux pas bêtes, ils ont
tous une femme à aimer, des enfants à protéger, et nous, nous en
sommes complétement dépourvus.

GUIBERT.

Mais...

ANDRÉ.

Allons, là, sérieusement... est-ce que vous n'avez pas éprouvé
quelquefois, en vous éveillant, le besoin de vous dévouer pour quelqu'un ?

GUIBERT.

Moi? Non, jamais !

ANDRÉ.

Vous n'êtes pas allé à Terre-Neuve ?

GUIBERT.

Non !

ANDRÉ.

J'y suis allé, moi... c'est un pays affreux, habité par des chiens
superbes... l'œil bon et brave... des muscles d'acier... Quelqu'un

tombe à l'eau, ils se précipitent sans demander si celui qui se noie est de leur famille... Ils le repêchent d'instinct et par amour de l'art... Eh bien, dans cette maison, il y a un bonheur qui se noie... voulez-vous nous jeter à l'eau un petit peu?... (Aboyant.) Houah ! houah !

GUIBERT.

Oh! permettez... mais, moi, vous savez, les émotions...

ANDRÉ, le retenant.

Oui, je sais bien, vous êtes un égoïste... Mais qu'est-ce que ça fait? pour une fois... Tenez, nous allons faire l'acte de société et partager la besogne... vous aurez l'œil ouvert; vous me direz : « monsieur André! monsieur Guibert... — La comtesse pleure. — Eh bien, je vais tâcher d'essuyer ses larmes... » Vous me direz : « monsieur André... — Qu'est-ce qu'il y a, monsieur Guibert? — Georges court un danger. — Vraiment? je vais tâcher de l'en sortir... » Vous resterez sur le bord, c'est moi qui me jetterai à l'eau... (Aboyant.) Houah! houah! vous me crierez : « Courage! il va passer sous le moulin! » Et c'est moi qui nagerai. Ça vous va-t-il ?

GUIBERT, embarrassé.

Mon cher monsieur de Fugères, très-certainement... ces sentiments vous honorent, je sens bien qu'ils m'honoreraient aussi; mais... grâce à la nouvelle passion de mon coquin de neveu... une troisième passion nommée Noémie qui lui a fait oublier les deux premières, depuis huit jours je goûte enfin un peu de repos! et, si je vous écoutais, je retomberais dans des tracas de toute sorte.

ANDRÉ.

Mais après ça, du moins, vous auriez la conscience tranquille; car vous auriez contribué à ramener le calme et le bonheur sous un toit que le chagrin visitait à toute heure avant l'arrivée de M. Faustin Guibert, providence... Enfin, vous pourriez dire que vous avez été une fois bon à quelque chose?

GUIBERT, contrarié.

Permettez... permettez... mais, d'abord, vous vous exagérez peut-être le danger; moi, je n'ai rien remarqué... nos amis me

semblent parfaitement heureux... Madame de Limours ne se plaint
jamais, et, au contraire, elle a toujours le sourire sur les lèvres.

ANDRÉ.

Oui... elle dévore sa douleur et elle mourrait sans se plaindre,
parce qu'elle est noble et fière!... Mais songez qu'elle est née sur
une terre où l'amour est toute la vie, et où la jalousie tue, et vous
comprendrez ce qu'elle doit souffrir à la pensée d'une rivale...

GUIBERT.

Une rivale! une rivale!... quelque innocent caprice peut-être...
et puis écoutez donc... je craindrais d'être indiscret; il y a des
gens qui n'aiment pas qu'on se mêle de leurs affaires. (Un temps.
André, après avoir regardé Guibert, hausse les épaules et va à la cheminée.)

ANDRÉ.

Monsieur Guibert, voulez-vous me permettre de formuler un
vœu à votre égard?

GUIBERT.

Comment donc!...

ANDRÉ.

Eh bien... que le diable vous emporte!

GUIBERT.

Ah! permettez...

ANDRÉ.

Allons, c'est bon, je nagerai tout seul.

GUIBERT.

Je m'en vais...

ANDRÉ, allant à Guibert.

La comtesse!...

GUIBERT.

Raison de plus!

ANDRÉ, le retenant.

Restez donc, je ne vous pousserai pas à l'eau malgré vous. (Ils
se tiennent au fond et observent la comtesse.)

SCÈNE II

Les Mêmes, PAULA *.

PAULA entre de la gauche et descend en scène en regardant la pendule.

Déjà midi ! et Georges n'est pas rentré encore. (Avec douleur.) Il ne se cache même plus ! quelle est ma rivale ?... La comtesse Éva ?... Oui, peut-être. — Car, après être entrée presque de force dans ma vie, elle s'en est retirée tout à coup... Elle tâche bien encore de m'attirer chez elle, mais elle n'ose plus paraître chez moi !... Oh ! la jalousie, quel supplice !

GUIBERT, à André.

Ce n'est pas l'embarras. Il faut être juste, elle n'a pas l'air gai.

PAULA.

Heureusement, j'ai là ma consolation — ma petite Madeleine... (Guibert soupire, André lui pousse le coude. Paula les aperçoit, et prenant aussitôt un air riant.) Ah ! M. de Fugerès, et M. Guibert aussi !... Ah ! c'est gentil, à vous, messieurs, d'être venus de si bonne heure me serrer la main.

ANDRÉ.

Madame...

PAULA.

Ah ! c'est que, moi, j'ai toutes les superstitions de ma chère patrie, et je crois que deux figures amies aperçues au réveil sont d'un heureux présage pour toute la journée.

ANDRÉ, bas, à Guibert.

Voilà la gaieté de commande dont je vous parlais ; on riait comme cela à la cour de Schahabaham. (Guibert descend à gauche en passant derrière Paula, qui s'est assise sur le canapé. **)

PAULA.

A propos ! monsieur Guibert, hier soir, le whist vous a-t-il été favorable ? (Elle lui fait signe de s'asseoir.)

* Paula, Guibert, André.
** Guibert, Paula, André.

GUIBERT, s'asseyant près d'elle.

Comme cela, madame ; oh ! je n'avais pas tous mes moyens...
Votre grand diable de romanée avait, je l'avoue, embrouillé quelque peu mes idées.

PAULA, avec le même rire forcé tout le temps.

Ah ! ah ! cher monsieur Guibert ; c'est qu'aussi il vous arrive
parfois de tomber dans le péché de gourmandise.

ANDRÉ, debout près de Paula.

C'est un peu votre faute, comtesse ; car, depuis que nous avons
l'honneur de compter parmi vos hôtes, vous nous gâtez singulière-
ment.

PAULA, riant.

Ah ! monsieur de Fugères, vous n'avez pas voté au chapitre, car
vous êtes d'une sobriété de marabout.

GUIBERT, regardant Paula, à part.

Elle a pleuré à chaudes larmes ; c'est positif. Il y a comme un
sillon rouge sous ses grands yeux.

PAULA, rencontrant le regard de Guibert, très enjoué.

Eh ! mon Dieu ! comme vous me regardez, monsieur Guibert ?
Gageons que vous faites la même remarque que, ce matin, je faisais moi-même.

GUIBERT.

Quelle remarque faisiez-vous donc ?

PAULA.

Hélas ! en m'éveillant, je me suis aperçue que j'étais laide à faire
peur. (Elle éclate de rire.)

GUIBERT, troublé, se levant.

En vérité ? C'est donc alors que je vous aurai mal vue, madame,
car je vous trouve justement plus charmante que jamais.

PAULA se lève, et peu à peu se dirige vers la cheminée.

Oh ! vous, vous êtes un flatteur, mais mon miroir, lui, n'est pas
courtisan. Et la fin de tout ceci est que j'ai l'air d'une morte. C'est

la fatigue, notez bien ; aussi, ma foi, suis-je tout à fait décidée à
me mettre en retraite ; et, pour commencer, j'ai renvoyé le plus
gracieusement possible (elle rend la lettre sur la table) la très-gracieuse
invitation de madame de Ronzoff pour son prochain bal ; mais...
(riant en posant la lettre sur la cheminée) je mourrais véritablement à la
peine... Ah ! bien décidément, l'air de votre Paris ne me vaut rien
du tout.

GUIBERT.

Ah ! dame, ce n'est plus là l'air de votre Touraine.

PAULA, avec un mouvement réprimé aussitôt.

Oh ! non... mais... (vivement) mon cher Georges se plaît tant ici.
(Elle passe devant André.) Et c'est bien naturel, après tout, puisqu'il y
retrouve tous les plaisirs dont il était sevré depuis si longtemps,
et il est bien naturel aussi qu'il rattrape le temps perdu, n'est-ce pas?

ANDRÉ.

Certainement... Et... d'ailleurs, les plaisirs de Paris n'ont véritablement qu'une saison, celle où nous sommes, et... dans quelques mois, Georges sera certainement tout heureux de retrouver le
calme inspirant de vos chères vallées.

PAULA, même jeu que précédemment.

Vous croyez ?

ANDRÉ, ému.

J'en suis sûr! (A part.) Pauvre femme !

GUIBERT, à part.

Comme elle a dit cela !

ANDRÉ.

Il n'y a qu'un peu de patience à avoir.

PAULA, de même.

De la patience !... Oh ! j'en ai !

GUIBERT, à part.

Décidément, il y a une grande douleur là-dessous.

PAULA, reprenant sa fausse gaieté.

Cela doit me coûter fort peu, du reste, et le sacrifice que je fais au monde n'est pas bien grand ; car, en vérité, c'est à qui me fera fête, et, s'il m'est réellement permis de regretter mes solitudes, c'est seulement quand je pense à Madeleine, à ma chère petite fille, que vos bruyantes fêtes intéressent fort peu... (tout en parlant, elle prête l'oreille et se dirige vers la porte du fond à gauche) et qui jouait si bien avec la neige des acacias et avec la neige de décembre. (Elle va vivement près de la porte.)

GUIBERT, allant à Paula.

Qu'avez-vous, comtesse?

PAULA, se réveillant.

Ah! comme je parlais de Madeleine, j'ai cru justement entendre du bruit chez elle... mais je me suis trompée! (A part.) Ce n'est pas encore lui!

GUIBERT, bas, à André.

La pauvre femme! elle avait cru que c'était Georges.

ANDRÉ, bas.

Parbleu!

GUIBERT, bas.

Mais quelle est donc cette femme qui...?

ANDRÉ, bas.

La comtesse Éva, j'en jurerais!

GUIBERT, surpris.

Madame de Ronzoff!

PAULA.

Quoi donc?

GUIBERT.

Rien, rien, comtesse.

PAULA, à part.

Oh! ils interprètent sans doute l'absence de Georges; je suis peut-être l'objet de leur pitié. Oh! mais je ne veux pas qu'on me plaigne. (Haut, et du même ton que précédemment.) Mon Dieu! que je suis donc contrariée que Georges ne rentre pas...

ANDRÉ, naïvement.

Est-ce qu'il y a longtemps qu'il est sorti?

PAULA, à part avec joie.

Ah! ils ignorent... (Haut.) Mais oui, très-longtemps... (Gaîement.) Je savais fort bien hier soir qu'il lui faudrait s'envoler ce matin avant l'aube pour ses maudites affaires; car les gens qui remuent les paperasses se lèvent au chant du coq, et nous sommes encore dans les paperasses jusqu'au cou. J'avais donc souci par avance de la fatigue qui attendait le comte, et, je vous l'avoue, messieurs, je maudissais tout bas votre jeu, qui se prolongeait si tard. Vous avez peut-être remarqué qu'à tout instant je regardais la pendule.

GUIBERT, naïvement.

Non, madame.

ANDRÉ, le poussant.

Oui, oui, en effet.

GUIBERT, à part.

Je comprends, la vérité, c'est Georges.

PAULA, à André.

Il ne faut pas m'en vouloir. Quant à M. Guibert, je n'ai pas d'excuses à lui adresser, puisqu'il n'a rien vu...

GUIBERT.

Mon Dieu, madame, vous comprenez...

PAULA.

Je comprends que vous êtes un joueur endurci, que vous allez nous donner une reprise de *Trente ans*, que vous serez bûcheron sur vos vieux jours et que, par une nuit d'orage, vous tuerez bel et bien votre fils unique dans la forêt Noire. (Paula prêtant l'oreille; à part, avec une douleur contenue, après avoir regardé la pendule.) Une heure! Rien encore!... (Chancelante; elle va s'appuyer contre la table.) On n'a donc plus de pitié... quand on n'a plus d'amour? Oh! j'étouffe!

GUIBERT, involontairement.

Comtesse !

PAULA, luttant de nouveau, et plus gaiement que jamais.

Ah ! ma foi ! messieurs, vous m'accuserez d'impolitesse, mais j'ai bien certainement cette fois entendu du bruit chez mademoiselle de Limours. Marie est déjà près d'elle sans doute ; elle m'a volé sa première caresse. Permettez que j'aille demander des dommages et intérêts. (Elle se dirige vers la porte du fond à gauche.)

GUIBERT, allant à elle.

Comtesse ! (Paula s'arrête.) Vous embrasserez mademoiselle Madeleine pour M. de Fugères et pour moi.

PAULA, même jeu.

Oui, messieurs, et je l'embrasserai aussi pour ce pauvre comte, qui n'a pas pu avoir cette joie ce matin. A bientôt, messieurs... A bientôt ! (Elle sort.)

SCÈNE III

ANDRÉ, GUIBERT.[*]

Dès que Paula, a disparu Guibert donne tout à coup un libre cours à une émotion qui se traduit par une agitation extraordinaire. André l'observe en souriant.

GUIBERT, saisissant nerveusement la main d'André.

Monsieur de Fugères, tout à l'heure vous m'avez proposé un pacte.

ANDRÉ.

Oui.

GUIBERT.

Et je l'ai refusé.

ANDRÉ.

Eh bien ?

[*] André, Guibert.

GUIBERT.

Eh bien, maintenant, je l'accepte ; je suis prêt à le signer des deux mains ; avec mon sang, si vous voulez !

ANDRÉ.

Ah ! vous y arrivez donc !

GUIBERT.

Eh bien, oui , oui, j'y arrive. (Très-ému.) Cette pauvre comtesse ! Elle m'a tout retourné !... je ne sais plus où j'en suis !... Tenez, tâtez mon pouls... (André lui tâte le pouls et fait un signe affirmatif.) Cent vingt pulsations, au moins ! Et mon cœur !... tenez, comme il saute !

ANDRÉ, souriant.

Il saute à bas de son lit. Il se réveille.

GUIBERT.

Il avait pourtant le sommeil dur ! mais cette douleur muette était si éloquente !... Vous comprenez, elle serait venue me dire : « Mon mari est un ci et un ça, » que ça ne m'aurait pas remué du tout. Mais c'est qu'elle ne se plaint pas,.. c'est qu'elle ne l'accuse pas, le gredin !.. elle le défend, au contraire !.. Ah ! j'en ai encore des larmes dans les yeux !. , Oh ! les hommes !... je voudrais pouvoir en battre un.

ANDRÉ.

Mon brave monsieur Guibert ! vous voyez bien que vous êtes moins égoïste que vous ne le croyiez.

GUIBERT, s'échauffant.

Une aussi adorable créature ! si honnête ! si bonne ! si dévouée ! sacrifiée ainsi à une... (Avec colère.) Mais il faut remédier au mal le plus vite possible ! il faut... (Dans la plus grande agitation.) Voyons ! comment guérir Georges de cette passion coupable ? Comment rendre le bonheur à cette pauvre délaissée ? Que faire ? Que ne pas faire ? Où aller ? Où courir ? (Avec éclat.) Mais parlez donc, mais remuez-vous donc... quand vous resterez là planté comme un piquet !

ANDRÉ, riant.

Oh! mais mon, cher monsieur Guibert, vous allez trop vite maintenant.

GUIBERT.

— Trop vite! trop vite! mais il n'y a pas de temps à perdre. Il faut
un prompt remède... Il faut... Ah! dites donc, si vous faisiez la cour
à madame de Ronzoff... si vous l'enleviez au comte?

ANDRÉ.

Oui... oui... Mais, pour lutter avec Georges, il me faudrait huit
millions; pouvez-vous me les prêter?

GUIBERT.

Non. Ah! sacrebleu! comment...? Ah! si nous la faisions disparaître?

ANDRÉ.

Oh! oh! monsieur Guibert!

GUIBERT, éclatant.

Eh bien, quoi? oh! oh! Je vous dis les idées qui me viennent,
moi; tâchez d'en trouver de meilleures... Mais agissons, pour
Dieu, agissons!

ANDRÉ.

Calmez-vous!

GUIBERT.

Que je me calme? Vous êtes charmant, vous; vous mettez le feu
à la mine et vous ne voulez pas qu'elle saute? Ah bien!.. non...
non... je suis parti, d'abord; nous allons en chercher, des douleurs
à soulager. Nous monterons dans les maisons, s'il le faut. Nous
consolerons à domicile. Voyons, voyons, où y a-t-il des larmes à
essuyer? (Apercevant Marie qui entre du fond, à gauche, un mouchoir sur les
yeux, et poussant un cri de joie.) Ah! mademoiselle de Limours! elle
pleure! voilà notre affaire. Encore un bonheur qui se noie. (Allant à
Marie et la ramenant sur le devant de la scène). A l'eau! à l'eau! monsieur de Fugères! (Aboyant.) Houah! houah!

MARIE, effrayée.

Ah!

SCÈNE IV

LES MÊMES, MARIE *.

GUIBERT.

N'ayez pas peur. Nous sommes les sauveurs. . les terre-neuve...
Dites-nous tout... Qu'est-ce que vous avez?

MARIE.

J'ai bien du chagrin, allez!

GUIBERT.

Ah! tant mieux!

MARIE, étonnée.

Comment! (Marie va près de la cheminée.)

ANDRÉ, à demi voix.

Oh! mais permettez, monsieur Guibert. Il ne s'agit là que de
querelles d'amoureux. Ce n'est pas sérieux!

GUIBERT, se récriant.

Comment, pas sérieux? cette pauvre enfant est tout en larmes,
et vous venez me dire que ce n'est pas sérieux. Ah! monsieur de
Fugères! du reste, je vous avais bien jugé, vous n'avez pas de
cœur.

ANDRÉ.

Mais, monsieur Guibert!

GUIBERT, bas.

Voyons! voyons! nous pouvons bien faire quelque chose pour
elle... en passant.

ANDRÉ.

Mais le temps presse, vous l'avez dit vous-même.

GUIBERT.

Sans doute. Mais nous ne pouvons rien faire avant l'arrivée de
M. Georges.

* André, Marie, Guibert.

ANDRÉ.

On pourrait du moins s'entendre, dresser ses batteries.

GUIBERT.

Cela n'empêche pas de donner un quart d'heure à cette chère petite. (Tirant sa montre). Tenez, il est une heure quarante-cinq ; eh bien, à deux heures sonnantes...

ANDRÉ, tirant la sienne.

Je lui consacre dix minutes. Quelle heure avez-vous ?

GUIBERT.

Une heure quarante-cinq.

ANDRÉ.

Très-bien, nous allons ensemble !

GUIBERT, allant chercher Marie, qui est près de la cheminée, et
la faisant passer au milieu.

Que se passe-t-il, mademoiselle Marie ? Vite, vite, nous n'avons que dix minutes.

MARIE, étonnée.

Dix minutes !

GUIBERT.

Oui, allez, allez.

MARIE, très-vite.

Eh bien, figurez-vous, messieurs, que, me souvenant de ce que m'avait dit un jour M. Henri, et croyant lui plaire, j'ai dit à la couturière de madame de Ménioles de me faire une toilette toute pareille à la sienne ; j'ai dit à son coiffeur de me composer la même coiffure ; et, il y a trois jours, au bal de madame de Cernay, le premier bal auquel j'assistais depuis notre arrivée à Paris, j'ai fait mon entrée dans les salons avec madame de Ménioles ; on nous aurait prises pour les deux sœurs ; j'avais, comme elle, une robe qui ne tenait pas, et qui menaçait sans cesse de quitter mes épaules ; on m'avait mis tout un jardin sur la tête, et j'avais un éventail tout pareil au sien, et, comme elle, un bouquet de lilas blanc grand comme une maison. J'avais même la petite mèche, vous savez ? (impatience d'André. Guibert fait un geste suppliant) la petite mèche qui lui caresse toujours le front. Cette maudite mèche me faisait loucher quand elle ne m'éborgnait pas, mais je ne songeais pas à me plaindre, parce que je me disais : « Je vais avoir un grand succès ! et M. Henri sera enchanté. »

GUIBERT.

Eh bien ?

MARIE.

Eh bien, il a été joli, mon succès ! tous ceux qui s'étaient récriés d'admiration à la vue de la toilette de madame de Ménioles, riaient et chuchotaient de me voir ainsi affublée... Les hommes faisaient de grands yeux, et les femmes en faisaient de tout petits... comme cela... Puis M. Henri est arrivé, et il m'a fait une scène affreuse, et j'ai été obligée de quitter le bal sans même avoir dansé, et Paula, qui était souffrante et qui ne m'avait pas vue partir, m'a grondée bien fort quand je suis rentrée ; j'étais pourtant en tout semblable à madame de Ménioles. Je ne sais plus comment faire, moi... (Elle va s'asseoir sur le canapé et pleure.)

GUIBERT.

Le fait est que je m'y perds.

ANDRÉ.

Vraiment ? Eh bien, vous n'êtes pas encore un fort nageur, vous. (Tirant sa montre.) Plus que cinq minutes et demie.

GUIBERT, tirant la sienne.

Pardon, six !

ANDRÉ.

Dépêchons-nous... (Allant à Marie et s'asseyant sur la chaise placée à la droite du canapé.) Chère enfant, vous avez été sans le vouloir, la plus grande politique du monde. M. de Francheterre était fou et vous l'avez forcé de reconnaître sa folie ; et il sait, je l'espère, que les ailes des diables et les ailes des anges ne doivent pas être taillées sur le même patron... c'est parfait.

MARIE.

Mais ce n'est pas parfait du tout ! Il me boude depuis ce moment-là... Ainsi, il vient toujours à midi d'ordinaire... et il est... (A Guibert qui, debout, lui masque la pendule.) Mais retirez-vous donc de là... (Guibert se dérange.) Il est deux heures, et il n'est pas encore venu.

GUIBERT.

Quand je vous dis que tous les hommes sont des imbéciles !

MARIE.

Oh ! M. Henri n'est pas un imbécile, entendez-vous ?

GUIBERT.

Allons, bon ! voilà qu'elle le défend aussi ! C'est une maladie de famille.

ANDRÉ, se levant.

Ah ! dépêchons-nous, dépêchons-nous! (A Marie.) Vous dites qu'il n'est pas venu ? Eh bien, il faut lui donner une dernière leçon, mais, cette fois, en connaissance de cause; ainsi, quand il arrivera...

(Un domestique ouvre la porte du fond.)

MARIE.

Ah! c'est lui ! (Elle se lève.)

ANDRÉ, la faisant rasseoir.

Chut! ne remuez pas le doigt sans ma permission, ou nous sómmes perdus.

MARIE.

Bah! (André s'assied près du canapé. Guibert s'approche de lui)

ANDRÉ, à Guibert.

Vous, ne faites pas attention à lui.

GUIBERT.

C'est entendu. (Il va s'asseoir à droite près de la table, prend un journal et lit tout bas. André cause avec Marie et tourne le dos à Henri.

SCÈNE V

LES MÊMES, HENRI, puis successivement HIPPOLYTE, RICHARD, HÉLÈNE, LE MARQUIS DE VERVEDA et MARIE.

HENRI, entrant.

Messieurs ! mademoiselle Marie, (Marie allait faire un mouvement vers Henri. André l'a retenue.) Je vous salue. (Silence des trois personnages, étonnement d'Henri.)

ANDRÉ, bas, à Marie.

Copiez bien mes intonations, et dites (d'un ton suffisant) : « Ah ! c'est vous, monsieur. »

MARIE, résistant.

Oh !

ANDRÉ, de même.

Vite... ou je vous abandonne.

MARIE, imitant André.

Ah ! c'est vous, monsieur.

HENRI, étonné, à part.

Hein !... ce ton...

MARIE, bas.

Est-ce bien ?

ANDRÉ.

Pas mal.

(Henri va à Guibert pour lui demander quelques explications ; celui ci s'excuse en reprenant aussitôt la lecture de son journal.)

HENRI.

Mademoiselle Marie se porte bien ?

ANDRÉ, bas, à Marie.

Attention ! (D'un ton prétentieux.) « Non ! j'ai une migraine horrible ! »

* Paula, Guibert, André.

MARIE.

J'ai une migraine horrible !

ANDRÉ, bas, à Marie.

« Oh ! la ! la ! la ! »

MARIE.

Oh ! la ! la ! la !

ANDRÉ, de même.

« Et la moindre causerie me fait un mal affreux. »

MARIE.

Et la moindre... Comment..?

ANDRÉ, soufflant.

Causerie !

MARIE, continuant.

Causerie me fait un mal affreux !

HENRI, à Marie.

Mon Dieu! mademoiselle je devais avoir l'honneur de passer la soirée ici; mais maintenant je craindrais...

ANDRÉ, même jeu.

« En effet, je serai forcée de me retirer de très-bonne heure! »

MARIE.

En effet... je serai forcée de me retirer de très-bonne heure.

HENRI, vexé.

C'est bien, mademoiselle, je comprends...

MARIE, bas, à André.

Mais je vous assure qu'il a du chagrin.

ANDRÉ, bas.

Tant mieux... Penchez-vous vers moi.

MARIE.

Oh!

ANDRÉ.

Riez!

MARIE.

Mais je ne veux pas.

ANDRÉ.

Riez bien vite!

MARIE, vivement.

Je ris! je ris! (Elle commence à rire et s'arrête tout à coup. Bas, à André.) J'ai envie de pleurer.

ANDRÉ, bas.

N'allez pas faire ça au moins.

HENRI, à part.

C'est à n'y pas tenir! (S'avançant vers Marie.) Pardon, mademoiselle, mais je vois bien que je suis arrivé fort mal à propos. Excusez-moi!

MARIE, bas, à André.

Mais il va s'en aller! mais il s'en va!

ANDRÉ.

Tant mieux. (Henri est déjà à la porte.)

MARIE, bas.

Tant mieux! Ah! mais non! (N'y tenant plus.) Monsieur Henri?

ANDRÉ, à part.

Patatras!

HENRI.

Pardon, mais... (Fausse sortie.)

MARIE, avec des larmes et frappant du pied.

Henri, venez, je le veux...

HENRI, redescendant.

Et moi, mademoiselle, je ne le veux pas... Non, mademoiselle, je ne veux pas obéir aux caprices d'une petite coquette...

MARIE.

Coquette, moi?

HENRI.

Décidément, adieu, mademoiselle. (Il va sortir.)

MARIE, très-émue.

Henri... Je ne suis pas coupable. (Montrant André.) C'est lui, c'est M. de Fugères qui m'a donné de mauvais conseils.

GUIBERT.

Oh!

ANDRÉ, à celui-ci en riant.

C'est bien fait. Ça nous apprendra...

MARIE.

Je ne faisais que répéter toutes ses paroles. (Faisant la moue à André.) Oh! le méchant!

ANDRÉ, riant, à Henri.

Eh bien, vous voyez! il n'y a pas moyen de la gâter. Il faut en prendre votre parti.

HENRI, le prenant dans ses bras.

Je suis le plus heureux des hommes!

ANDRÉ.

Celui-là est sauvé. A un autre! (Il veut le congédier.)

MARIE, s'accrochant à Guibert.

Oh! que je suis contente! Je vais tout dire à Paula.

GUIBERT.

C'est ça. (Il la dirige tout doucement vers la gauche.)

MARIE, désignant Henri.

Je l'aime tant!

HENRI, même jeu.

Je n'aurais pu vivre sans elle.

MARIE, de même.

Je serais morte sans lui.

ANDRÉ, poussant Henri vers le fond, tandis que Guibert entraîne Marie vers la gauche.

L'affaire est entendue!

6.

HENRI, envoyant des baisers.

A bientôt, chère Marie!

MARIE, de même.

A bientôt! à bientôt! (André parvient à faire sortir Henri, et Guibert, Marie.)

ANDRÉ.

Ah! j'espère que, maintenant, nous allons nous occuper de choses sérieuses...

GUIBERT.

Oui, oui... et...

HIPPOLYTE, entrant comme un fou par la porte du fond à droite.

Ah! mon oncle! mon oncle! si vous saviez, Noémie! (Il va à André.)

ANDRÉ, sautant, à Guibert.

Oh! celui-là, non, par exemple! (Guibert du geste le rassure et va à la porte du fond, à gauche.)

HIPPOLYTE, allant à Guibert.

Ah! mon oncle! (Guibert lui ouvre ses bras. Hippolyte s'y précipite. Guibert l'étreint, puis le jette dehors.

GUIBERT.

V'lan! (Au même instant, Richard entre pas le fond; il est très-agité.)

RICHARD.

La marquise n'est pas arrivée.

ANDRÉ, qui allait sortir.

A l'autre!... mais c'est une Arcadie ici!

RICHARD, saluant.

Mon cher André, monsieur Guibert... (A part.) Viendra-t-elle? (Apercevant Hélène qui entre.) Ah! la voilà!

HÉLÈNE, à Dominique.

C'est cela, prévenez madame de Limour... (Elle fait un mouvement à la vue d'André et de Guibert.) Ah! messieurs... Monsieur André! (Elle lui tend la main et, se retournant, et feignant l'étonnement.) Monsieur de Pardon, je ne vous voyais pas. (Elle va droit à lui.)

ANDRÉ, bas, à Guibert [*].

Très-bien compris!

GUIBERT, bas.

Quoi donc?

ANDRÉ, de même.

C'était un rendez-vous.

GUIBERT, de même.

Allons donc, impossible !

HÉLÈNE, bas, à Richard.

Vous le voyez, je suis venue,

RICHARD.

Oh! merci !

GUIBERT, haut.

Un rendez-vous ici ?

ANDRÉ.

Ça se fait parfaitement chez les peuples civilisés.

RICHARD, bas.

Je vous aime comme un fou !

HÉLÈNE, de même.

Prenez garde !

ANDRÉ.

Chez mes anciens amis, les sauvages, la femme reçoit chez elle.

HÉLÈNE, bas.

J'ai cru être suivie.

ANDRÉ, continuant.

Dans son propre ajoupa.

HÉLÈNE, de même.

Et j'ai tremblé comme si j'étais vraiment coupable!

* Guibert, André, Richard, Hélène.

ANDRÉ.

Toc, toc... « Qui est là? — C'est moi. — Bien, bien! le temps
de passer mes plumes, et je suis à vous. »

RICHARD, bas.

Que vous êtes belle !

ANDRÉ, continuant.

En France on se dit : « Voilà une maison où se trouve une honnête femme, une jeune fille vertueuse, et un enfant innocent...»

HÉLÈNE, tremblante, et à voix basse.

Cette nuit, je vous écrivais... (Surprenant un regard d'André à Richard,
qui prend un écran.) Voulez-vous me prêter?... (Richard lui donne l'écran.)

ANDRÉ, continuant.

« Nous, les coupables, on ne viendra pas nous chercher là. » On
se donne rendez-vous dans la maison, et les voleurs se cachent
dans l'église.

HÉLÈNE, de même.

Ma femme de chambre est entrée... j'ai failli me trouver mal...

GUIBERT, bas.

Encore une qui se noie! il faut...

ANDRÉ.

Ah çà! vous voulez donc repêcher tout le monde.

HÉLÈNE, bas.

De telles émotions, c'est la mort.

RICHARD, avec amour.

Non, c'est la vie! (Il lui baise la main.)

ANDRÉ, annonçant.

M. le marquis de Verveda. (Richard et Hélène se séparent.) Je
leur ai tendu la perche... c'est tout ce que je peux faire pour
eux!

GUIBERT, voyant entrer Verveda.

Il était temps! (Verveda entre comme une avalanche; il a ses poches
ourrées de papiers et tient un portefeuille sous son bras. Dominique le suit.)

VERVEDA.

Bonjour, messieurs... (À Hélène.) Chère amie (posant son portefeuille sur la table), vous me donnerez une place dans votre voiture, n'est-ce pas? et me jetterez place Vendôme.

MARIE, entrant.

Madame... voulez-vous venir ? ma sœur vous attend !

HÉLÈNE.

Me voilà, chère enfant.

VERVEDA.

Mademoiselle !

MARIE, saluant.

Monsieur le marquis... (Riant.) Toujours affairé.

VERVEDA.

Je suis sur les dents! (Il lui baise la main.)

MARIE.

Venez, madame... (Elle sort avec Hélène.)

VERVEDA, qui s'est mis à écrire.

Et même, vous permettez n'est-ce pas, messieurs? quelques dépêches... (A Dominique.) Joseph est-il là ?

DOMINIQUE.

Oui, monsieur.

VERVEDA.

Très-bien, attendez. (Il fouille dans ses poches.)

ANDRÉ, bas, à Guibert.

Que ces gens-là s'arrangent, je vais au-devant de Georges.

VERVEDA, qui a entendu.

M. de Limours? Je viens de le rencontrer devant le café Anglais. Il sera ici dans un moment.

ANDRÉ.

Ah! (A part.) Attendons alors!

VERVEDA, tirant des petits papiers de ses poches.

Tenez, Dominique, dites à Joseph d'aller tout de suite au télégraphe; voici deux dépêches, l'une pour Londres, l'autre pour Turin... Vite, vite... et qu'il vole!... (Dominique sort.) Ouf! mon Dieu! que les millions sont difficiles à gagner.

ANDRÉ.

Eh bien, faites comme moi, n'en gagnez pas.

GUIBERT.

Ou comme moi, reposez-vous!

VERVEDA, se levant *.

Me reposer! est-ce que c'est possible? avec cela justement que mon correspondant de Madrid est parti tout à coup sans crier gare... Sa femme a été enlevée... par un Américain... et il court après... avec deux témoins... Il m'a écrit cela.

ANDRÉ.

Par le télégraphe?

VERVEDA.

Oui. — Oh! non! non!

RICHARD.

Alors, monsieur le marquis, c'est une bonne lame!

VERVEDA.

Oh! excellente! il tire des deux mains.

RICHARD.

Et vous?

VERVEDA, riant.

D'aucune!

RICHARD, à part.

C'est fait pour moi ça... mais après tout il peut apprendre. (A Verveda.) Dites donc, monsieur le marquis, vous devriez faire des armes.

VERVEDA.

Pourquoi donc ça?

RICHARD.

Ah! dame, vous comprenez, quand on possède une femme aussi belle que madame la marquise...

* André, Guibert, Verveda, Richard.

VERVEDA.

Eh bien?

RICHARD.

Eh bien... il pourrait arriver que... on peut lui faire la cour... il y a tant d'Américains, et il est bon de... *(Il fait le geste de tirer.)*

VERVEDA.

Plaît-il ? moi, risquer ma vie ? Eh bien, et mes actionnaires !

RICHARD, *étonné.*

Comment ?

GUIBERT.

Mais alors si le malheur voulait...?

VERVEDA, *avec assurance.*

Il ne voudra pas.

GUIBERT.

Sans doute, mais... nous causons... et, dans ce cas-là que feriez-vous? Un bon procès sans doute?

VERVEDA.

Non.

GUIBERT *frissonnant.*

Ah! je comprends! *(Il fait le signe de poignarder deux personnes.) Flagrante delicto...* v'lan! v'lan!

VERVEDA.

Vous n'y êtes pas du tout.

GUIBERT.

Bah! alors je ne sais pas trop...

VERVEDA, *prenant Guibert et Richard sous le bras.*

C'est pourtant bien simple ! Persuadé que, si ma femme m'a quitté, c'est qu'elle ne m'aimait pas...

ANDRÉ.

Bien entendu!

VERVEDA.

Je dirais au séducteur (à Richard) : « Vous m'avez pris ma femme,
n'est-ce pas ? »

RICHARD.

Hein !

VERVEDA.

« Vous m'avez pris ma femme ? »

RICHARD.

Oui.

VERVEDA.

« Eh bien... »

RICHARD.

Eh bien ?

VERVEDA.

« Eh bien, gardez-la. »

RICHARD retirant vivement son bras, à part.

Fichtre !

VERVEDA, à Guibert et à André

Et voilà ! Oh ! la marquise connait parfaitement mes idées là-
dessus... (Allant à la table.) Ah ! encore une dépêche que j'ai oubliée !
(Hélène entre.) Ah ! bien, je la porterai moi-même. (à Hélène.) Marquise,
je suis à vous. Au revoir, mon cher monsieur André.

ANDRÉ, lui serrant la main et riant.

Gardez-la.

VERVEDA.

Oui, gardez-la... A bientôt, monsieur Guibert. (Il va chercher son
chapeau.)

HÉLÈNE, bas, à Richard.

Demain soir... au bal.

RICHARD balbutiant.

Demain ? mais... (A part.) « Gardez-la ! dit-il ; » et que diable veut-
il que j'en fasse ? (Il remonte ; Hélène va à la cheminée et ajuste sa coiffure.
Verveda descend près d'Hélène tout en mettant ses gants. André observe Richard,
Guibert est près de la fenêtre.)

VERVEDA, offrant son bras à Hélène.

Chère amie...

GUIBERT, à la fenêtre.

Le comte! (Bas à André.) Voilà l'heure du sauvetage sérieux; parlez
à M. de Limours; moi, je vais sermoner le lancier.

ANDRÉ.

C'est dit!

GUIBERT, à Richard.

Où allez-vous?

RICHARD, préoccupé.

Je n'en sais rien.

GUIBERT, distrait.

Je vais justement par là, je sors avec vous.

VERVEDA, au fond avec Hélène.

Messieurs! (Il sort avec Hélène.)

RICHARD, à part.

Oh! mais ce n'est pas du tout le mari que j'avais rêvé; quel
drôle d'Espagnol.

GUIBERT.

Si vous voulez m'accompagner chez moi, le temps de prendre
mon chapeau, je suis à vous. (Ils sortent.)

SCÈNE VI

GEORGES, ANDRÉ *.

ANDRÉ, seul, regardant sortir Richard.

Quel drôle d'Espagnol... ah! dame, on ne choisit pas toujours
son Espagnol, et tu n'es pas au bout, mon capitaine! (Entre Georges,
qui va regarder à la porte du fond; puis il descend à la cheminée et se cache la tête
dans ses mains. André fait quelques pas... Georges se retourne et aperçoit André.)

* André, Georges.

GEORGES, à part.

André !

ANDRÉ.

Enfin nous voilà donc un peu ensemble… Je m'ennuyais de toi
sais-tu ?… je croyais vraiment d'être forcé de partir sans te serrer
la main.

GEORGES, préoccupé.

Ce cher André !

ANDRÉ, allant à la table négligemment*.

Je quitte la comtesse !

GEORGES.

La comtesse !

ANDRÉ, l'examinant.

Ta femme… Je ne parle pas de madame de Ronzoff.

GEORGES.

Ah ! tu la quittes, dis-tu ?

ANDRÉ.

M. Guibert et moi, nous avons passé près d'une heure avec elle.

GEORGES.

Ah !… et… que vous a-t-elle dit ? de quoi avez-vous parlé ?

ANDRÉ, négligemment.

De tout un peu… de la pluie et du beau temps… de Paris et de
la Touraine.. des gens de loi et des soleils couchants.

GEORGES.

Ah !

ANDRÉ.

Il y a demain un ballet nouveau ; seras-tu à l'Opéra ?

GEORGES.

Je ne sais… oui.

* Georges, André.

ANDRÉ.

Mais au fait, tu ne pourras peut-être pas t'échapper.

GEORGES.

Je ne pourrai peut-être pas m'échapper? Qu'entends-tu par là?

ANDRÉ.

Eh bien, est-ce que tu ne vas pas au bal de notre belle Moscovite?

GEORGES.

Ah! oui, en effet, je l'avais oublié.

ANDRÉ.

On s'amuse beaucoup, dit-on, chez madame de Ronzoff; mais, c'est égal, je doute que ses fêtes soient aussi brillantes à Paris qu'à Pétersbourg.

GEORGES.

Ah! tu étais reçu chez la comtesse?

ANDRÉ.

Oh! mon Dieu, oui... comme tout le monde... Ah! l'on était fort à son aise là-bas... l'étiquette en était impitoyablement bannie... Il y avait, là, toute la jeunesse russe, de la demi-noblesse... beaucoup d'artistes, peu de femmes... c'était très-gai. On mangeait des fraises en disant du mal des Polonais, comme dans les meilleures maisons.

GEORGES, avec un mouvement.

Comme dans les meilleures maisons?... Mais il me semble que madame de Ronzoff...

ANDRÉ.

Oh! madame de Ronzoff est, assurément, une comtesse très-authentique : elle a épousé le comte de Ronzoff, un officier de grand mérite qui a été tué dans la guerre du Caucase par Schamyl en personne, parbleu! Eh! tiens, au fait, ce fameux Schamyl, dont vous avez fait ici des mélodrames... c'est justement dans les salons de la comtesse que je l'ai vu pour la première fois.

GEORGES.

Comment! elle a reçu l'homme qui...?

ANDRÉ.

Oh! après son deuil, bien entendu! (Georges ne peut réprimer un mouvement de colère... André à part.) J'ai touché juste... c'est elle!

GEORGES, après un temps.

Et que... disait-on de madame de Ronzoff, à Pétersbourg?

ANDRÉ.

Ce que l'on en dit à Paris... que c'est une jolie femme.

GEORGES.

Et... quoi encore?

ANDRÉ.

Qu'elle aimait les diamants, les bonbons et les voyages... Ah! l'on disait aussi que, quoique fort peureuse, elle n'avait jamais peur la nuit.

GEORGES, après un mouvement et se contenant à peine.

As-tu bien compris? Es-tu sûr de posséder à fond toutes les finesses de la langue russe?

ANDRÉ.

Mais, mon ami, tout le monde parle français à Pétersbourg?

GEORGES, même jeu.

Ah! oui... c'est vrai.

ANDRÉ.

Du reste, sa cour était fort nombreuse. On offrait volontiers de se ruiner pour elle, et quelques grands noms venaient parfois se glisser entre chien et loup sous la porte de son boudoir... C'était chaque jour une averse de cadeaux et de pistaches... mais je dois à la vérité de dire que quelques-uns de ceux qui envoyaient à madame de Ronzoff les plus belles fleurs de leur serre, ne la saluaient pas toujours au théâtre.

GEORGES, éclatant.

Calomnies! j'en suis sûr!

ANDRÉ.

Georges, qu'as-tu donc?

GEORGES, se remettant.

Moi?.... Mais rien! (S'efforçant de rire.) Allons, conviens que tu n'aimes pas madame de Ronzoff.

ANDRÉ, froidement.

J'aime mieux convenir que je la hais.

GEORGES.

Et pourquoi la hais-tu?

ANDRÉ, lui tendant la main.

Parce que je t'aime, Georges.

GEORGES, troublé.

Que veux-tu dire?

ANDRÉ.

Oh! tu le sais bien, allons! joue donc franc jeu avec moi.

GEORGES.

Je ne te comprends pas.

ANDRÉ.

Georges, tu adores Éva.

GEORGES, vivement.

Au nom du ciel! tais-toi, André!

ANDRÉ.

Tu en conviens donc enfin? A la bonne heure; et le tribunal te tiendra compte de tes aveux; mais, voyons, maintenant allons droit au but: qu'as-tu décidé? que vas-tu faire? Cette liaison coupable, vas-tu la briser?

GEORGES, avec un effort.

Je l'ai brisée déjà.

ANDRÉ, avec joie.

Bien vrai?

GEORGES, même jeu.

Oui... ce matin même... je venais à peine de...

ANDRÉ.

De quitter la comtesse.

GEORGES.

Oui... j'ai fait porter à son hôtel une lettre... d'adieux... Dans cette lettre, je reprends ma liberté et je lui rends la sienne.

ANDRÉ.

C'est bien... mais ce n'est pas tout... Il faut fuir, et, tiens, si tu le veux, nous fuirons ensemble... nous marcherons... nous marcherons jusqu'à ce que le souvenir t'ait quitté; nous partirons demain, Georges.

GEORGES, avec une furie qui augmente peu à peu.

Oui... oui... c'est cela... nous partirons... il le faut! car, vois-tu bien, si je me trouvais en face d'elle! si j'entendais encore sa voix de sirène; si mon regard encore s'arrêtait sur ses yeux... je perdrais... toute ma force, tout mon courage... et je veux en finir... je dois la quitter!... Encore une fois, il le faut! Car, entre nous, tu comprends bien qu'il y a de certaines exigences auxquelles je ne peux pas me soumettre! Et puis... c'est affreux! mais il n'y a pas à dire, je le sens bien... chaque jour, en dépit de tout, en dépit de moi-même, mon cœur s'éloigne davantage des êtres qu'il chérissait jadis. Mais... six mois seulement encore de cette vie et j'en viendrais à les renier tout à fait! à les haïr peut-être! Et si cela arrivait... il est clair que le monde n'aurait pas assez de mépris à me jeter à la face!... Et ce serait justice, entre nous, n'est-ce pas? Il faut donc que je la quitte... Il faut donc que je la fuie! Et même, ai-je besoin de la fuir? Non... je l'aurai ou-bliée dans huit jours... C'était un moment de folie, le cœur n'y était pour rien! j'étais enivré, voilà tout... tout autre l'eût été comme moi!... Elle est si belle! il y a tant de séductions dans un seul de ses sourires... Tout est charmes en elle, tout, jusqu'à ses dédains... Tu ne la connais pas, toi, tu ne l'as vue que dans le monde; mais, quand elle se livre... cette femme, vois-tu! c'est un abîme d'amour... On veut se retenir; mais le vertige vous saisit;

on tombe ! et ses bras vous retiennent! ses bras charmants qui,
pendant ces heures envolées si vite me servaient de collier... et
ce collier, j'ai eu la force de le dénouer... de moi-même! Ah! il m'a
fallu du courage, va!

ANDRÉ, lui saisissant la main.

Georges!

GEORGES, avec passion.

Oui, oui... je la quitterai! Je te l'ai promis! je te le promets
encore! encore une fois, je ne l'aime plus, je ne dois plus l'aimer!
c'est convenu! mais... (Avec des larmes.) Oh! mais du moins laisse-
moi te parler d'elle. (La porte de gauche s'ouvre, Paula et Marie paraissent.)

ANDRÉ, vivement et à voix basse.

Ta femme! ta sœur!

SCÈNE VII

LES MÊMES, PAULA, MARIE*.

GEORGES, à part, avec un mouvement de colère.

Ah!

ANDRÉ, à demi voix.

Georges! Ah! j'espère que tu n'en es pas venu encore à les
haïr!

MARIE, à André.

Bonjour, monsieur. (A Georges.) Monsieur mon frère, j'ai une
supplique à vous adresser, une pétition apostillée par notre bon
curé, qui est en ce moment à Paris pour des réparations à faire à
son église, et qui... (André va près de Paula, qui s'assied sur le canapé.)

GEORGES, avec une certaine impatience.

Voyons, de quoi s'agit-il?

MARIE.

Ah! si vous vouliez bien me le demander plus gracieusement!

* Paula, Marie, Georges, André.

GEORGES, se remettant.

Mais il me semble...

MARIE.

Il vous semble! il vous semble! il me semble à moi que, depuis quelque temps, vous devenez bien irritable!

GEORGES.

Marie...

MARIE.

Oh! je n'ai pas peur de vous, je ne suis pas comme Paula, qui ne sait plus où se cacher quand vous faites votre grosse voix.

GEORGES.

Mais je ne sais...

MARIE.

Oui... oui... (A André.) Grondez-le, monsieur! si vous saviez comme il a rudoyé ma pauvre Paula, tout à l'heure.

PAULA, souriant.

Enfant! mais tu es folle!

MARIE.

Non pas, non pas!

GEORGES.

Enfin, qu'avais-tu à me dire? Voyons!

MARIE.

Eh bien, j'avais à vous dire, monsieur, que je veux retourner en Touraine; que M. Henri désire m'y suivre; que Paula voudrait bien venir avec nous; que M. le curé offre de nous y conduire, et que vous ne feriez pas mal de nous y accompagner. Voilà!

GEORGES, après un mouvement.

Mais tu n'y songes pas, Marie!... nous avons, la comtesse et moi, des... engagements pour une partie de la saison, et...

MARIE.

Vous vous dégagerez, voilà tout!

GEORGES.

Si c'était possible!

MARIE, riant.

Ce serait fait. Puisque c'est impossible, ça se fera !

GEORGES.

Mais...

DOMINIQUE, entrant ; à Marie.

Mademoiselle, c'est M. Hamelin !

MARIE, à Dominique.

Je vais près de lui. (A Georges d'un ton câlin.) Petit frère, je vais dire à notre ami qu'il se dépêche de faire réparer son église, n'est-ce pas ?

GEORGES.

Mais encore une fois...

MARIE.

Le jour de notre mariage, tu auras un banc d'œuvre tout neuf. (Elle l'embrasse, puis elle va à Paula.) A bientôt, Paula. (A André, le saluant.) Monsieur ! (Elle sort par la droite.) Adieu, tyran !

UN DOMESTIQUE, annonçant.

Madame la comtesse de Ronzoff.

GEORGES, à part.

Ah ! c'est trop d'audace, enfin !

PAULA, à part.

Elle, ici !

SCÈNE VIII

LES MÊMES, ÉVA *.

Éva entre du fond, salue André et descend près de Paula. André, qui se tenait au fond, redescend à la droite de Georges.

ÉVA, saluant Paula.

Madame... (Elle salue le comte.)

* Paula, Éva, Georges, André.

PAULA, à part.

Elle, chez moi!.. Je me trompais donc.

ÉVA.

Comtesse, si je vous importune, ne vous en prenez qu'à vous-même. Votre mauvaise action vous vaut ma méchante visite.

PAULA.

Madame... (Elle l'invite à s'asseoir.)

ÉVA, s'asseyant.

Voyons, comtesse, considérez-vous toujours, l'hôtel de Ronzoff comme terre ennemie? La paix entre la France et la Russie est si-gnée, cependant. Pourquoi refuser d'honorer ma pauvre petite fête de votre présence?

PAULA.

Mon Dieu! madame, croyez à tous mes regrets; mais je suis vé-ritablement un peu souffrante, et mon docteur...

ÉVA.

Oh! votre docteur, comtesse, s'entend avec vous pour me déses-pérer, voilà tout. Allons, votre arrêt et le sien ne sont pas sans ap-pel, et, si je me jetais à vos genoux, est-ce que je ne parviendrais pas à faire révoquer la sentence?

PAULA, embarrassée.

En vérité, madame.

ÉVA.

Oh! d'abord, je vous préviens que je suis décidée à me pour-voir en grâce auprès de M. de Limours! (Se levant, à Georges, avec une intention singulière.) Monsieur le comte, ma cause n'est pas encore tout à fait perdue, n'est-ce pas?

GEORGES, qui, depuis l'entrée d'Éva, semble être sur des épines.

Madame...

ÉVA.

D'abord, comtesse, vous ne pouvez me refuser la grâce que j'im-plore, attendu que cette fête sera la dernière que je donnerai.

PAULA.

Comment ?

ÉVA.

Demain, je pars pour l'exil !

GEORGES.

Elle part !

ANDRÉ, bas, lui serrant le bras.

Prends garde !

GEORGES.

Comment, madame, vous nous quittez ?

ÉVA, parlant pour Georges.

Demain, j'aurai quitté Paris. Dans quelques jours, j'aurai quitté la France.

PAULA, à part, avec un mouvement de joie.

Ah ! (Haut, avec intérêt.) Qui vous y oblige, madame ?

ÉVA, jouant avec une lettre qu'elle tient à la main.

Une lettre... que j'ai reçue ce matin.

GEORGES, bas, à André.

Ma lettre !

ANDRÉ, à part.

Quelle audace !

ÉVA.

Je dois donc dire adieu à vos plaisirs pour cet hiver. Oui, me voilà détrônée. (Souriant avec intention.) J'ai perdu mon empire ! (A Paula.) Vous ne pouvez donc refuser, comtesse, de venir une dernière fois dans mon petit royaume.

PAULA.

Cette lettre, madame, est donc bien sérieuse ? S'agit-il d'un procès.

ÉVA.

D'un procès ? Oui, précisément. (Parlant à deux fins.) Un méchant procès qu'on m'intente à propos de je ne sais quoi. Affaire de chicane à laquelle je n'entends rien. Tout ce que j'ai pu comprendre, c'est qu'il faut que je m'éloigne. (A Paula.) Et je suis venue ici prendre congé, pour le cas où je serais décidément privée du bonheur de pouvoir vous embrasser demain.

PAULA, à part.

Elle va partir! Oh! j'étais folle! (Haut.) Croyez, madame, que je vais maudire du fond du cœur les fatales circonstances qui ont dicté l'ordre de cet exil... Mais... cette affaire exige-t-elle réellement votre présence à Pétersbourg? Vous pouvez consulter quelqu'un, ici.

ÉVA, interrogeant Georges du regard à la dérobée.

C'est... ce que j'ai fait déjà... J'attends même une réponse, et... si elle ne m'est pas parvenue ce soir, demain je m'envole.

ANDRÉ, bas, sur un mouvement de Georges.

Du courage!

ÉVA, insistant.

A tout hasard, on prépare déjà ma fuite. (A Paula.) Voilà tous mes malheurs, madame (avec une impatience déguisée), malheurs auxquels ces messieurs, ce me semble, n'ont pas l'air de compatir beaucoup.

GEORGES, déjà très-ému.

Comtesse!

ANDRÉ, vivement, en passant devant Georges.

Le saisissement... le chagrin nous ont coupé la parole, comtesse.

ÉVA, avec un mauvais sourire.

Oh! vous, monsieur de Fugères, vous riez de tout.

ANDRÉ.

Oh! madame, vous comprenez, un départ ne saurait m'affecter, moi : je pars toute la vie.

GEORGES, cherchant à dompter son émotion.

Croyez néanmoins, comtesse, que nos vœux vous suivront. Vous laissez parmi nous de trop gracieuses traces de votre passage pour que, de longtemps, on vous oublie, et... certes, je serai l'un des plus fidèles à me souvenir.

ÉVA, avec un violent dépit caché sous un sourire.

A la bonne heure, comte, et voilà une petite oraison funèbre assez gentiment tournée ; mais je suis comme feu monsieur, votre oncle, je veux être enterrée gaiement, et j'en reviendrai, s'il vous plaît, à mes jolis petits moutons. (A Paula.) Vous viendrez, n'est-ce pas, comtesse?

PAULA, souriant.

En vérité, madame, votre obligeante insistance me met dans le plus grand embarras du monde, et...

ÉVA, gaiement.

Voyons, je vous accorde une heure de réflexions, le temps pour moi de faire encore une visite d'adieux, tenez (avec intention), à ma chère compatriote, madame de Bahzzine, qui se plaignait dernièrement de ne plus vous voir, monsieur le comte.

ANDRÉ, bas.

Tu n'iras pas, j'espère!

ÉVA.

Je vais pleurer un peu avec elle, et je reviens. (Saluant.) Messieurs, comtesse... (Elle remonte en causant avec Paula.)

GEORGES, à demi-voix.

André, il ne faut pas qu'elle parte!

ANDRÉ, de même.

Mais tu es fou!

GEORGES.

Tout ce que tu pourrais me dire serait inutile ; elle emporterait ma vie en partant.

ANDRÉ, à part.

Sacrebleu! le voilà repris! (Il passe à gauche.)

(Eva est sortie, Paula redescend lentement.)

PAULA, heureuse, à part.

Je me trompais... je me trompais...

GEORGES, à part.

Il me faut à tout prix un prétexte pour la rejoindre.

ANDRÉ, à part.

Je reverrai Éva avant lui. (Il remonte.)

PAULA.

Vous nous quittez, monsieur de Fugères?

ANDRÉ.

Excusez-moi, comtesse; mais, moi aussi, demain, je me remets en voyage, et j'ai quelques préparatifs à terminer. Il faut que j'achète des verroteries; car, décidément, je retourne chez mes anciens amis les sauvages, toc! toc! (Il va prendre son chapeau, puis mettant ses gants, à part.) Le mari coupable quand il rentre au logis n'est pas à prendre avec des pincettes; il est toujours charmant quand il en sort pour une infidélité nouvelle. J'ai une demi-heure devant moi. (Haut.) Comtesse, je vous salue. (À part.) Décidément M. Guibert avait raison. Cette femme-là, il fallait la faire disparaître. A bientôt, Georges. (Il sort.)

SCÈNE IX

GEORGES, PAULA*.

GEORGES, très-agité.

Oui, oui, je la reverrai... chez cette amie... chez elle... n'importe! mais je la verrai avant ce bal.

PAULA.

Qu'as-tu donc, Georges?

GEORGES, regardant à sa montre.

Mon Dieu! ma chère Paula, je suis désespéré, je viens de me rappeler à l'instant un rendez-vous très-important; je ne crois pas être libre avant quelques heures... et peut-être même ne pourrai-je pas dîner à l'hôtel.

* Paula, Georges.

PAULA.

Ah!

GEORGES.

Paula, est-ce que tu me boudes?

PAULA.

Pourquoi te bouderais-je?

GEORGES.

Mais... d'abord parce qu'à peine revenu auprès de toi, voilà que je te quitte encore, et, ensuite, parce que ce matin... j'ai été en effet, un peu brusque avec toi. Ah! Marie avait raison.

PAULA.

Je sais bien; mais ce que j'ignore, c'est la cause de cette brusquerie... Tu ne l'as pas dite à Marie, quand elle te l'a demandée.

GEORGES, embarrassé.

A Marie?... Sans doute, je ne le pouvais pas.

PAULA.

Et à moi?

GEORGES.

A toi!... Oh! mon Dieu, si tu l'exiges... Mais, prends-y garde, cette insistance me prouve que tu me gardes rancune, et...

PAULA.

Ne cherche pas de détours, dis-moi la vérité; dis-moi la cause de toutes tes absences.

GEORGES.

Eh bien, soit! (A part.) Qu'est-ce que je vais lui dire? Ah! (Haut.) Voici ma confession tout entière. Cette nuit comme les précédentes, je me suis conduit comme un véritable émancipé, j'ai fait une fois encore l'école buissonnière. Cette nuit, enfin, je l'ai passée sottement à remuer des cartes... et, si j'ai été si brutal ce matin avec les autres, c'est que j'étais furieux contre moi-même; les hommes sont ainsi faits!

PAULA, heureuse, et à qui la confiance revient peu à peu tout à fait.

Oui, je le sais. Ainsi, monsieur, vous avez joué toute la nuit. Mais vous avez dû dévorer la dot de votre fille et celle de votre sœur !

GEORGES.

Oui, oui, en grande partie... J'ai dû perdre quelque chose comme une vingtaine de mille francs.

PAULA, riant.

Vingt mille francs ! Mais c'est affreux ! Et nous voici maintenant dans la plus profonde misère... Ah ! je comprends... (raillant) les reproches sanglants que vous vous adressiez !

GEORGES.

Méchante, tu me railles... (Avec un peu d'inquiétude.) Crois-tu donc qu'il y ait autre chose ?

PAULA.

Franchement... oui.

GEORGES, avec une feinte bonhomie.

Eh bien... tu as raison.

PAULA, vivement.

Ah !

GEORGES.

Tu ne t'es aperçue de rien quand je suis rentré ?

PAULA.

Non.

GEORGES.

Eh bien... ma chère Paula... je dois te l'avouer... pour la première fois de ma vie... j'ai été vaincu par le plaisir.

PAULA.

Comment ?

GEORGES.

Ah ! j'ai perdu l'habitude de nos nuits fiévreuses d'autrefois. Jadis, nous supprimions le sommeil, vu que nous n'avions pas trop

des heures du jour et de celles de la nuit pour dépenser notre
jeunesse. Mais maintenant... ah! maintenant c'est autre chose...
(Baissant la voix.) Le bruit de l'or, l'éclat des lumières... Enfin... j'en
rougis, mais, au lever de la souriante aurore, ma raison se noyait
tout à fait au fond de la coupe pleine que je portais encore machi-
nalement à mes lèvres... Traduction libre, j'étais un peu...

PAULA, souriant, mais avec une sorte de honte.

Oh ! monsieur...

GEORGES, enchanté du succès de son mensonge.

Revenu ici, je me rendais bien compte du désordre qui devait
régner sur mon front et dans mes yeux ; j'entendais même encore
résonner à mon oreille les échos de notre folie nocturne, et, crai-
gnant qu'ils ne fussent perceptibles aussi pour toi, j'ai crié bien
fort pour couvrir leurs voix, et j'ai eu tort, et je m'en repens ; mais
j'ai mieux aimé tout t'avouer, autrement tu pouvais peut-être
soupçonner encore autre chose...

PAULA, souriant.

Et je n'y eusse pas manqué, croyez-le bien !

GEORGES.

Vraiment !

PAULA.

Ah ! confession pour confession... et la tienne m'a fait du bien,
je te le jure. Ah ! cette nuit, je dormirai.

GEORGES.

Comment ?

PAULA.

Rien, rien, tout est oublié... et je ne me souviens plus de mes
chagrins, j'ai oublié mes insomnies. Vide tes coffres si tu veux,
vide la tonne d'Heidelberg si tu peux... ruine-moi... bats-moi...
tue-moi, ça m'est égal... mais ne me trompe pas, Georges.

GEORGES, très-ému.

Paula!... mon amie... (A part, en l'embrassant.) Oh ! cette vie de
perfidies et de mensonges ne saurait durer.

PAULA, *lui serrant la main.*

Maintenant tu peux t'en aller.

GEORGES, *embarrassé.*

Tu me renvoies?

PAULA.

Et ton rendez-vous!

GEORGES.

Oui, c'est vrai... mais je puis le manquer, si tu le désires...

PAULA.

Pourquoi le désirerai-je? Va, adieu.. (A part.) Il m'aime toujours! sainte Vierge je te remercie. (Un temps; hésitation de Georges qui finit par aller à la cheminée prendre son chapeau. Paula le regarde. Georges se retourne pour prendre congé d'elle, et descend vivement à elle.)

GEORGES.

Mais il y a encore des larmes dans tes yeux. (Il tire son mouchoir.)

PAULA, *avec ivresse.*

Ah! ce sont des larmes de joie... des larmes de bonheur!

GEORGES.

Mais enfin ce sont des larmes, et, dans ces beaux yeux-là... je ne veux plus que des sourires. (Il essuie délicatement les larmes de Paula avec son mouchoir. Tout à coup, celle-ci fait un brusque mouvement en arrière et retient le mouchoir.)

GEORGES.

Qu'as-tu donc?... t'aurais-je fait mal?

PAULA, *s'efforçant de sourire.*

Oui... un peu.

GEORGES, *inquiet.*

Ah!

DOMINIQUE, *annonçant.*

M. le duc de Latouche-Mézeray.

GEORGES, *avec joie.*

Ah! (Il remonte.)

PAULA, *cachant le mouchoir à part.*

Il y a des armes sur ce mouchoir. (Elle passe à gauche.)

SCÈNE X

Les Mêmes, MÉZERAY*.

MÉZERAY, entrant vivement et apercevant Georges.

Georges ! Ah ! c'est un hasard malheureux !

GEORGES.

Ma foi, mon cher duc, vous arrivez à propos... La comtesse va rester seul quelque temps...

MÉZERAY, à part.

Ah !

GEORGES.

Et votre joyeux esprit lui tiendra compagnie.

MÉZERAY, saluant.

Madame...

PAULA, saluant.

Monsieur le duc !

GEORGES, à Mézeray.

Vous m'excuserez, n'est-ce pas ? (A Paula.) Adieu, comtesse, à bientôt ! (Il sort par le fond.)

SCÈNE XI

PAULA, MÉZERAY, puis ÉVA et ANDRÉ. Dès que Georges a disparu, Paula saisit le mouchoir et y jette les yeux, avec un cri étouffé.

PAULA.

Les armes et le chiffre de la comtesse de Ronzoff... Oh ! c'est infâme !

MÉZERAY, embarrassé, considérant la comtesse qui ne fait nulle attention à lui, va à la cheminée et observe la comtesse.

Toujours la même... Décidément je ne fais pas de progrès dans le cœur de la comtesse ?...

* Paula, Mézeray, Georges.

PAULA, à part.

Oui... oui... cette méprise date de cette nuit... et elle a eu l'audace ! Je me souviens !... ce départ... cette lettre... elle était de Georges et les paroles de cette femme ne s'adressaient qu'à lui... et puis son émotion... il est allé la rejoindre et tout à l'heure là... en sortant d'auprès d'elle... Oh ! c'est infâme ! infâme !... Mais j'y songe... elle va revenir ! attendons ! (Apercevant Mézeray qui, vers le milieu de ce monologue, a semblé prendre le parti de se retirer et qui s'éloigne sur la pointe des pieds.) Eh bien, duc, vous partez.

MÉZERAY.

Pardon, comtesse... mais il me semble que j'étais de trop.

PAULA, en proie tout le temps à une agitation nerveuse en éclatant de rire.

Ah ! ah ! ah ! mais au contraire : restez donc. (Froissant avec rage le mouchoir qu'elle a gardé.) Oh ! je n'avais pas mérité tant d'outrage !...

MÉZERAY, s'élançant vers Paula qui chancelle.

Qu'avez-vous, madame ?

PAULA.

Je ne sais, une défaillance soudaine...

MÉZERAY, allant à la cheminée pour sonner.

Je vais appeler.

PAULA, vivement.

Non, non, merci, c'est passé. (À part.) Qu'est-ce que je pourrais donc bien lui faire, à cette femme ?

MÉZERAY.

Mais, madame, vous souffrez, j'en suis sûr.

PAULA.

Non, non, duc ! je vous affirme que c'est passé. Cela reviendra peut-être.. alors, je vous le dirai. Ah ! dame, je prends les usages de Paris... je me mets à la mode... j'ai des vapeurs. (Elle tombe dans un fauteuil près de la table.)

MÉZERAY, à part.

S'il ne se passe pas quelque chose d'extraordinaire ici... je veux que mes créanciers m'emportent. (À Paula, qui vient de prendre sur la table une petite statuette qu'elle repose violemment.) Ah ! mon Dieu, madame, mais vous venez de briser un petit chef-d'œuvre.

PAULA.

Tiens... c'est vrai.

MÉZERAY.

Est-ce que quelqu'un y avait touché ?

PAULA, distraite.

Comment ? (A part.) Est-ce qu'elle ne viendrait pas?

MÉZERAY.

C'est une histoire que l'on racontait l'autre soir chez madame de Ronzoff.

PAULA.

Ah !

MÉZERAY.

Il était question d'un de ses compatriotes dix fois original et vingt fois millionnaire qui ne pouvait souffrir que l'on touchât même du bout du doigt à l'une des nombreuses merveilles qu'il possédait. Un certain jour, le comte Orieff, emporté par son admiration, prit dans ses mains un groupe de saxe qui valait dix mille roubles. Notre boyard ne sonna mot; mais, le comte une fois parti, il fit jeter les cinquante mille francs par la fenêtre.

PAULA, se levant.

Je comprends cela. Oh ! maintenant, je comprends toutes les folies.

MÉZERAY, vivement.

Vraiment ? (A part.) Tiens, tiens, mais alors nous pourrions peut-être nous entendre !

PAULA, avec une agitation croissante.

A propos, monsieur le duc, vous... vous allez au bal de madame de Ronzoff.

MÉZERAY.

Mon Dieu ! je ne sais ; madame la comtesse a pris justement le jour de réception de l'ambassadeur d'Angleterre, chez qui j'ai l'honneur d'être admis, et...

PAULA.

Qu'importe ! à Paris, il faut savoir se partager. (Elle éclate de rire.)

MÉZERAY.

Pourquoi riez-vous ?

PAULA.

Je ne sais pas. Je suis nerveuse aujourd'hui, voilà tout le secret.

MÉZERAY, à part.

Décidément, il y a quelque chose.

PAULA.

Il paraît que l'on s'amuse beaucoup chez madame de...? Du reste elle est aimable, spirituelle, et belle par-dessus le marché, n'est-ce pas, monsieur le duc ?

MÉZERAY.

Oh ! c'est une femme dont on ne dit rien.

PAULA.

Vous en êtes sûr ? (Elle éclate de rire.)

MÉZERAY, à part.

Ah çà ! mais je rêve... Est-ce bien la comtesse de Limours.

PAULA, à part, avec une colère méprisante.

Ce Georges ! ce faux dévot de l'amour qui va pécher tout de suite en sortant du temple.

MÉZERAY, à part.

Serais-je par hasard arrivé juste à temps pour punir un infidèle ?

PAULA, de plus en plus agitée.

Eh bien, monsieur le duc, est-ce ainsi que vous remplissez la mission que M. de Limours vous a confiée ? Il parlait tout à l'heure de votre joyeux esprit. Qu'en avez-vous donc fait ? se serait-il noyé dans la même coupe où M. le comte a perdu la raison ?

MÉZERAY.

Comment ?

PAULA.

Oui, vous savez bien, au cercle, je ne sais où. N'y étiez-vous

pas ? c'est peut-être votre main seulement qui a versé le poison.
Il paraît que le comte a perdu des sommes folles.

MÉZERAY, ahuri.

En... en effet, madame.

PAULA.

Cent mille francs, je crois ?

MÉZERAY, vivement.

Oui... justement !

PAULA, ironiquement.

Merci bien !

MÉZERAY, à part.

Ah ! je devine... Ma foi, l'occasion est trop belle, et, après tout,
Georges en aime une autre.

PAULA.

Allons, duc, encore une fois, soyez donc plus gai... N'avez-vous
pas une histoire à me raconter, quelque trahison ! quelque per-
fidie ? Rions de ce que vous voudrez. On rit de tout dans votre
pays, de la vertu, de l'amour, des serments, de l'honneur... Nous
n'avons que l'embarras du choix ; rions donc, monsieur le duc.

MÉZERAY, avec sentiment.

Comtesse, j'ai lu dans votre cœur. Ne me demandez donc pas de
rire, demandez-moi plutôt de pleurer.

PAULA.

Pleurer ! vous, duc ? Vous pleurez donc quelquefois ? qu'est-ce
qui vous a appris ?

MÉZERAY.

Ah ! comtesse !

PAULA, à part, avec rage et tombant assise à droite.

Mais elle ne viendra donc pas ?

MÉZERAY, avec chaleur.

Voyons, madame, que se passe-t-il en vous ? Vous souffrez je

le répète... Mais qu'est-ce qui vous fait souffrir? Confiez-le-moi...
Voulez-vous que je sois... votre ami?

PAULA, encore plus fiévreuse.

Mon ami? vous voulez être mon ami? Ah! mais... prenez garde!
l'amitié chez nous engage beaucoup... Si je vous disais par exemple (jouant avec un stylet qui est sur la table) : « Il y a au monde une
femme qui a pris mon repos, mon bonheur! Cette femme, je la
hais! je l'exècre! » que feriez-vous?

MÉZERAY, reculant.

Comtesse!

PAULA, posant le stylet et éclatant de rire.

Vous voyez bien que vous ne pouvez pas être mon ami.

MÉZERAY, s'approchant d'elle, à demi voix avec tendresse.

Pardon, madame, mais chez nous... on se venge autrement ..

PAULA, regardant le duc bien en face.

Ah! et comment se venge-t-on?

MÉZERAY.

Laissez-moi vous regarder! vous admirer!

PAULA, de même.

Je vous demande comment on se venge chez vous, monsieur le
duc?

MÉZERAY, avec passion et allant saisir la main de Paula.

Oh! que vous êtes belle! Paula; je vous aime!

PAULA, se levant, et avec un cri.

Ah! à genoux, monsieur le duc! à genoux, et demandez-moi pardon!... vous m'avez vue brisée de douleur et de jalousie, et vous avez
osé croire que la jalousie et la douleur me jetteraient dans vos
bras? Mais... est-ce que vos femmes, est-ce que vos mères se
vengent ainsi? Oh! alors, tant pis pour vos femmes et tant pis
pour vos mères! A genoux, monsieur le duc, à genoux!

MÉZERAY, s'inclinant.

Oui... oui... m'y voilà!... grâce! grâce!... si vous voulez que
je vive, pardonnez-moi !

PAULA, écoutant.

On vient... C'est elle! partez!... je veux être seule!... allez!
allez!... vous êtes sincère, je le sens!... je le sais... et je vous
pardonne, monsieur le duc. (Lui tendant la main.) Je vous pardonne,
mon ami!

MÉZERAY, portant à ses lèvres la main de Paula.

Votre ami! vous m'avez appelé votre ami! Maintenant je mourrais pour vous.

PAULA.

Oui, oui, j'en suis *sûr*. Adieu. (Mézeray sort. La porte du fond s'ouvre
et Dominique parait.)

DOMINIQUE.

Madame la comtesse de Ronzoff.

PAULA, à part.

Enfin! (Elle traverse la scène et va à la table. Éva parait. Dominique est
sorti. La porte s'est refermée. *)

ÉVA, s'avançant.

Comtesse, je viens pour... (A la vue de Paula, elle s'arrête effrayée.)
Ce regard!... (Paula se précipite alors vers la table où se trouve le mouchoir.)

PAULA, avec une rage sourde.

Madame... ce mouchoir est bien à vous, n'est-ce pas? Ce sont
bien, n'est-ce pas, les armes et le chiffre des comtes de Ronzoff?
(Elle poignarde le mouchoir avec le stylet.)

ÉVA, reculant.

Madame... (Elle passe derrière le canapé.)

PAULA, avec dédain.

Oh! n'ayez donc pas peur... (Elle jette le stylet, ouvre le tiroir de la
table et y plonge les deux mains avec éclat.) M. le comte de Limours a
passé la nuit chez vous, madame. (Lui jetant l'or à pleines mains.) Eh
bien, vous êtes payée, sortez!

* Paula, Éva.

ÉVA, avec un cri de rage.

Oh !

ANDRÉ, paraissant.

Oh ! je la rejoins trop tard !

ÉVA, avec des larmes de fureur.

Oh ! je me vengerai, je vous le jure ! (Repoussant l'or du pied.) Gardez votre or ! je veux vos larmes ! (Elle remonte. Paula est tombée sur une chaise. André va près d'elle. Éva près la porte du fond brave Paula du regard.)

ACTE QUATRIÈME

Un bal chez la comtesse de Ronzoff

Un boudoir; porte à droite et à gauche; cheminée au fond; une table qui fait face à
la cheminée; petite porte au premier plan, à gauche; à droite un canapé.

SCÈNE PREMIÈRE

HIPPOLYTE, RICHARD, puis MADAME DE MÉNIOLES et
DE PUITJALLON, ensuite HÉLÈNE et MÉZERAY, et enfin
ÉVA. (Au lever du rideau, Hippolyte assis à la table, contemple un médail-
lon. Entre Richard.)

RICHARD, très-agité*.

Ah! c'est à en devenir fou, ma parole d'honneur!

HIPPOLYTE.

M. de Celves!

RICHARD.

Ah! c'est vous! pouvez-vous me dire où est M. Guibert?

HIPPOLYTE.

Dans le bal, je pense. Moi, je l'ai quitté il y a une demi-heure. J'y
étouffais. Et vous aussi, sans doute? (Souriant et d'un air fin.) Ah! à
propos, je vous félicite, mon cher! (Avec enthousiasme.) Elle est tout
simplement délicieuse!

* Richard, Hippolyte.

RICHARD, avec effroi.

Hein?

HIPPOLYTE, de même.

Adorable! adorable!

RICHARD.

Mais je ne sais ce que vous voulez dire.

HIPPOLYTE.

Très-bien! vous êtes discret! vous avez raison... avec les femmes mariées, il faut garder des ménagements! Mais, c'est égal, mon cher, elle vous adore, c'est visible!... Oh! la jolie marquise, du reste, ne cherche pas à s'en cacher, et, tout à l'heure, quand vous avez valsé avec elle, tout le monde croyait qu'elle allait s'é- vanouir dans vos bras.

RICHARD, à part.

Tout le monde! Bonté divine!

HIPPOLYTE.

Mes compliments, mon cher, mes compliments! (Avec un soupir.) Ah! moi aussi, je suis bien heureux ! (Lui plantant son médaillon sous le nez.) Oh! n'est-ce pas, qu'elle est belle?

RICHARD, qui ne l'écoute pas.

Oui... oui!

HIPPOLYTE.

Elle se nomme Noémie. (Pressant le médaillon sur ses lèvres.) En voi- là une qui a du cœur!

RICHARD, à lui-même.

Et cet André qui ne vient pas!

HIPPOLYTE, avec sentiment.

Pauvre enfant!... Elle était née pour la vertu. Ce qu'il lui fallait, c'était une existence modeste!... Le sort en a décidé autrement! que voulez-vous! sa mère la battait! Mais... (avec un saint enthou- siasme) je la tirerai de l'abime! et, pour commencer, tenez, hier, je lui ai dit : « Vendez tout! » et elle y a consenti! Oh! la pauvre enfant! elle n'a pas hésité! Seulement, elle attend un peu. Vous comprenez, en ce moment, les ventes sont si mauvaises! Oh! oui, elle a du cœur!... et puis, la naïveté même. Elle ne me cache rien. Je sais tout ce qu'elle fait! Ainsi, ce soir, elle a dû dîner chez Bignon avec un de ses parents. Mais, à minuit, je serai près d'elle. Elle m'attend!... Pas un mot, n'est-ce pas, mon cher mousieur Richard? pas un mot! confidence pour confidence! (Il s'éloignent.)

RICHARD, à lui-même.

Ainsi, le scandale a déjà nos deux noms en pâture! Demain, tout Paris saura... Oh! les femmes mariées! les femmes mariées!

PUITJALLON, entrant avec madame de Ménioles, et continuant une con-
versation commencée.)

Oui, baronne, si j'avais un trésor qui valût une fleur de votre bouquet, je vous ferais le pari le plus déloyal du monde, attendu que je parierais à coup sûr. Je gagerais qu'avant deux minutes, la marquise de Verveda sera dans ce boudoir. (De Mézeray et Hélène paraissent dans le second salon, pour revenir par le fond à gauche.) Et tenez, tenez, j'aurais déjà gagné.

MADAME DE MÉNIOLES.

Eh bien, qu'est-ce que cela prouve, après tout?

PUITJALLON, ricanant.

Cela prouve que le marquis vient de partir pour aller à l'Opéra.

MADAME DE MÉNIOLES.

Et qu'y a-t-il à l'Opéra?

PUITJALLON.

Les débuts d'une petite danseuse maigre appelée mademoiselle Finette! Nouveau Pélisson, le marquis de Verveda se console avec une araignée. (Hélène et de Mézeray entrent et vont à la cheminée.)

MADAME DE MÉNIOLES, riant.

Ah! tenez, vous êtes incorrigible; et voulez-vous que je vous dise ce qui vous rend si méchant? Eh bien, c'est votre échec auprès de la belle Éva.

---

* Richard, Puitjallon, madame de Ménioles.

PUITJALLON.

Moi? Ma foi, non! Et, en vérité, je ne voudrais pas être à la place de M. de Limours; car, si ce qu'on dit est vrai, si l'amant est heureux, le mari ne l'est guère!

MADAME DE MÉNIOLES.

Que voulez-vous dire?

PUITJALLON.

Je veux dire que, si l'on avait votre malice, baronne, on pourrait très-certainement penser que, pour avoir autant d'indulgence pour son mari, il faut qu'une femme ait bien besoin d'indulgence pour elle-même.

MADAME DE MÉNIOLES, froidement.

Ah! pardon, monsieur de Puitjallon; mais il y a de certaines femmes auxquelles je ne permets pas que l'on touche. (Elle le salue, le quitte et va à Hélène.)

MÉZERAY, qui, tout en parlant à Hélène, n'a pas perdu de vue Puitjallon.

Vous avez décidément une admirable veine, monsieur de Puitjallon; combien de fois avez-vous passé?

PUITJALLON.

Huit fois.

MÉZERAY.

Et pourquoi n'avez-vous pas passé davantage?

PUITJALLON, avec un mouvement.

Comment?

MÉZERAY, simplement.

Eh! sans doute, du moment où l'on atteint ce chiffre-là, il n'y a plus de raisons pour que l'on s'arrête.

PUITJALLON, riant.

Ah! cependant...

MÉZERAY.

Heureusement que je n'ai plus de château à perdre.

HÉLÈNE, dont les regards depuis son entrée sont fixés sur Richard.

Comment, monsieur de Celves, nous n'aurons pas madame de Limours?

RICHARD, un peu embarrassé.

Oh! vous le savez, madame... la comtesse de Limours aime peu le monde...

HÉLÈNE, à voix basse.

Oh! moi, je le hais!... et si je suis venue à cette fête, c'est pour vous, pour vous seul!

RICHARD, inquiet.

Madame... prenez garde! M. de Puitjallon nous observe.

HÉLÈNE, bas.

Oui; vous avez raison! Mais je suis si troublée! si émue! Ah! vous le comprendrez, mon ami, quand vous saurez la résolution que j'ai prise!...

RICHARD, effrayé.

Quelle résolution?

HÉLÈNE, lui glissant son carnet dans la main.

Tenez!

RICHARD.

Votre carnet?

HÉLÈNE.

Vous trouverez quelques lignes qui vous diront tout!

RICHARD, inquiet.

Marquise...

HÉLÈNE.

Monsieur de Celves, je n'ai plus au monde qu'un protecteur, et ce protecteur, c'est vous!... La comtesse!

RICHARD.

Que veut-elle dire? (Il va pour ouvrir le carnet, Éva paraît et l'en empêche.)

ÉVA.

Eh quoi! messieurs, vous êtes en fuite? Est-ce que la garde se rend, monsieur de Celves? Ah! M. de Puitjallon a donc enfin quitté les cartes! Et vous, monsieur de Mézeray? Ah! mon Dieu! quel air sombre! On dirait que vous voulez me dévorer! Eh bien, voyons, faites quelque chose au moins. Tuez-moi, ou dansez.

MÉZERAY, avec un sourire forcé.

Sérieusement, ai-je le choix, comtesse?

ÉVA, à part.

Ah! ah! il y a encore un ennemi par-là!

RICHARD, qui a parcouru le carnet en cachette, poussant un cri d'effroi.

Ah! mon Dieu! (Il semble très-agité.)

MADAME DE MÉNIOLES.

Comtesse, j'espère que ces méchants bruits, qui annonçaient votre départ, sont enfin dissipés. Vous nous restez, n'est-ce pas?

ÉVA.

Hélas! vraiment, je n'en sais rien encore. J'attends. Je ne sais trop ce que je veux. Mais il est bien certain que le spleen m'arrive dès que vous tous me quittez, et que votre Paris est mortellement ennuyeux en décembre. Il y neige comme chez moi. Ce matin, je regardais à travers les vitres, et je cherchais vraiment des moujicks dans la rue.

RICHARD.

Que faire, grand Dieu?

ÉVA, continuant.

Je voudrais un tout petit rayon de soleil; je voudrais revoir l'Italie et puis bien d'autres choses. Mais je suis encore à Paris et je donne un bal. Or donc, messieurs, tans pis pour vous, mais il me faut mes danseurs.

SCÈNE II

Les Mêmes, ANDRÉ, GUIBERT.

ANDRÉ, saluant.

La jeunesse ne danse plus, comtesse!

ÉVA, à part.

Lui!

RICHARD, à part.

André! M. Guibert! C'est le ciel qui les envoie! (Il va à Guibert, et, pendant ce qui suit, il lui fait lire ce qui est sur le carnet.)

ANDRÉ, s'inclinant devant Éva.

Comtesse, je suis honteux, j'arrive le dernier; mais je sors de chez moi, il y a vingt minutes à peine, et je vous donne ma parole d'honneur que votre invitation ne m'était pas encore parvenue. Le service postal se fait depuis quelque temps d'une façon déplorable!... Comtesse, vous avez une toilette délicieuse! (La musique reprend.) Une valse, messieurs.

ÉVA, à part.

Quelle audace!

MÉZERAY, à demi-voix.

La comtesse vous avait oublié exprès?

ANDRÉ.

Tout ce qu'il y a de plus exprès!

MÉZERAY.

Vous êtes des nôtres, alors?

ANDRÉ.

Comment?

MÉZERAY.

Je n'ai qu'un mot à vous dire : La comtesse de Limours est un ange, et je donnerais ma vie pour elle.

ANDRÉ.

Touchez là!

MÉZERAY.

Et que ses ennemis y prennent garde! J'ai bonne langue et bonne lame!... A propos! je suis sur la piste d'une découverte à faire frémir. Je crois pouvoir vous raconter avant peu, sur M. de Puitjallon, des choses assez bizarres... A bientôt! (Il remonte.)

SCÈNE III

RICHARD, GUIBERT, ANDRÉ *.

GUIBERT, très-agité.

C'est terrible! Enfin, nous allons tâcher de vous tirer des griffes roses de la marquise, M. de Fugères et moi!...

ANDRÉ.

Mais pas du tout!

RICHARD.

Cependant...

ANDRÉ, passant **

Va-t'en au diable! Ça t'apprendra à aimer des marquises!

GUIBERT, à André.

Voyons, voyons, nous ne pouvons pas l'abandonner. Il vient de recevoir un ordre de départ pour le Mexique, et il ne faut pas qu'il envoie sa démission; il ne faut pas que son avenir soit brisé par une folie de jeunesse.

RICHARD, lui montrant le carnet.

Tiens, lis!

ANDRÉ, sans l'écouter.

Eh! j'ai un autre fou à guérir, et un fou furieux, celui-là! Et puis j'en ai assez, d'ailleurs, des fous et des folles. C'est vrai! dans ce Paris-Charenton, on s'aime, on se déteste, on s'embrasse, on se tue, et tout cela sans savoir pourquoi. Le soir, les hommes mettent une cravate blanche à leur cou, les femmes mettent le printemps dans leurs cheveux, et tout ce monde-là va danser. Les fous prennent leur récréation.

RICHARD, même jeu.

Mais lis donc...

* André, Richard, Guibert.
** Richard, André, Guibert.

ANDRÉ, continuant.

On enlève la femme de son meilleur ami? Valse à deux temps. La femme abandonne son mari et ses enfants? Schotisch. Un monsieur fait une bonne faillite, dix familles sont ruinées? Polka générale! Et c'est le docteur Blanche qui tient le piano!

RICHARD.

André, tu seras cause d'un malheur, si tu ne veux pas...

ANDRÉ, même jeu.

Mais enfin, de quoi te plains-tu? Quel sort plus heureux que le tien, trouble-ménage? Tu vas au Mexique? Eh, bien, tu y conduiras la marquise de Verveda. Charmant voyage! et la gloire et l'amour! comme dans les opéras-comiques! A ton bras, ta maîtresse; en face de toi, l'ennemi. « Oh! Hélène! je t'aime!... Mais pardon, une minute! le temps de tuer un Mexicain. » Pan! c'est fait! « Je t'adore! mon Hélène! » Pan! deuxième Mexicain!.. Et cette façon de guerroyer ne te plaît pas? Sacrebleu! tu es bien difficile!

RICHARD.

Tenez-le, monsieur Guibert! Tu m'entendras! (Guibert prend André dans ses bras; le tenant lui-même d'une main et tenant le carnet de l'autre, lisant.) « Cette vie de mensonge est indigne de nous. On doit avoir le courage de son amour. Je viens d'écrire à mon mari. La lettre lui sera remise à l'Opéra. Quand onze heures sonneront, le marquis saura tout. »

GUIBERT.

Le marquis saura tout!

ANDRÉ, sautant.

Sacrebleu!

GUIBERT, à André.

Il va passer sous le moulin! (La pendule commence à sonner.)

ANDRÉ, aboyant.

Houah!... houah!

RICHARD.

Onze heures ! je suis perdu !

ANDRÉ.

Ah! nous voilà gentils !

GUIBERT.

Sauvons-le !

ANDRÉ.

Voyons! voyons! Mais d'abord, vous, monsieur Guibert, guettez le retour de Georges !

GUIBERT.

C'est dit ! (Il sort.)

ANDRÉ.

Et nous...

RICHARD.

Que faire? que faire?

ANDRÉ.

Mais courir à l'Opéra, malheureux ! et rattraper la lettre, s'il en est temps encore !

RICHARD.

Oui, oui, tu as raison!... et je vole... (On entend au dehors la voix irritée du marquis.) Ah ! il est trop tard !

ANDRÉ, à part.

Patatras! (Entre le marquis dans le plus grand désordre.)

SCÈNE IV

Les Mêmes, LE MARQUIS.

LE MARQUIS.

Ah! le scélérat! Oh! mais, je me vengerai! cela lui coûtera cher!... Je le laisserai sur le carreau!

RICHARD, à part.

Que dit-il? Mais alors, je suis sauvé! (S'avançant.) Monsieur le marquis, je suis à vos ordres!

LE MARQUIS, lui serrant la main.

Merci, mon ami, merci!

RICHARD, étonné.

Hein?

ANDRÉ, de même.

Qu'est-ce qu'il chante?

LE MARQUIS, à Richard.

Mais j'aime bien mieux lui faire un bon procès! trente mille francs de dommages et intérêts. Je le répète!... je le mettrai sur la paille!... Figurez-vous que j'étais dans ma stalle; j'applaudissais la débutante, qui est tout simplement une perle; mais... j'avais un voisin qui piétinait, qui ricanait!... c'était insoutenable!... Alors, je lui dis poliment qu'il m'empêche d'entendre le ballet, et il se met à rire. J'applaudis de nouveau, et cette fois il chute! L'insulte était directe et flagrante! Hors de moi, je traite mon homme comme il le mérite, et il me donne un coup de poing!... Je ne perds pas de temps... Il m'en donne un autre!... et me jette sa carte au nez!... Oh! elle sera demain chez mon avoué!... Mais, à propos, je n'ai pas eu le temps de regarder le nom; car, tout juste à cet instant, l'homme de l'orchestre me poursuivait pour me remettre une lettre.

RICHARD, avec joie.

Il ne l'a pas lue!

ANDRÉ.

Silence, malheureux!

LE MARQUIS.

Je ne l'ai pas lue; certainement, non! Il y avait une foule!... c'était la sortie! Elle doit être dans tout cela avec la carte. (Il tire son portefeuille de sa poche; André le lui saisit.)

9

ANDRÉ *.

Nous allons vous aider!... (Il monte à la table.)

RICHARD, allant aussi à la table.

Oui, nous allons vous aider. (Le marquis est près d'eux.)

ANDRÉ, ouvrant le portefeuille et faisant tomber sur la table tous les papiers.

Cherche, terre-neuve, cherche! (Les trois hommes plongent et replongent fièvreusement dans les papiers.)

LE MARQUIS.

Du papier rose!... ce n'est pourtant pas difficile à... Ah! la voilà!

RICHARD, à part.

Oh!

ANDRÉ.

Fichtre!

LE MARQUIS.

Tiens, l'écriture de ma femme! (Il ouvre la lettre.)

ANDRÉ, vivement.

Ah! la carte! la carte! (En la présentant au marquis, il s'arrange pour lui faire tomber la lettre des mains. Richard la ramasse, la met dans sa poche et descend à gauche.)

LE MARQUIS.

Ah! (Il va se baisser.) Voyons le nom! Eh bien, où est donc la lettre?

RICHARD, riant.

Ah! je l'ai rejetée là, sans réflexion!

LE MARQUIS.

Cherchons! (Il plonge de nouveau.)

ANDRÉ, de même.

Cherchons! (Il éparpille les papiers et en fait voler plusieurs dans le feu.)

* Richard, André, Verveda.

LE MARQUIS,

C'est extraordinaire! Oh! après tout, la marquise est ici, elle me dira elle-même... (Il va sortir.)

RICHARD, bas.

Empêche-le de sortir!

ANDRÉ.

Comment? (Frappé d'une idée.) Ah! (Avec gaieté*.) M. de Verveda!

LE MARQUIS, revenant.

Mon ami!...

ANDRÉ.

Nous allons tout vous avouer!...

RICHARD, bas.

Que vas-tu faire?

ANDRÉ.

Laisse-moi tranquille!

LE MARQUIS.

Vous savez ce que m'écrivait ma femme?

ANDRÉ.

Oui... et je vais vous le dire. Après tout, en se taisant, mon ami aurait l'air de vouloir échapper à la juste punition de sa faute, et...

LE MARQUIS.

Quelle faute?

RICHARD, à part.

Que signifie?

ANDRÉ, jouant l'émotion. *

Marquis, M. de Celves, enivré par la beauté, par les charmes de madame de Verveda...

RICHARD, à part.

Hein?

* Richard, André, Verveda.

LE MARQUIS.

Plaît-il ?

ANDRÉ.

M. de Celves a osé, depuis deux mois, la poursuivre de son amour.

LE MARQUIS, stupéfait.

Il se pourrait ?

ANDRÉ.

En vain madame de Verveda lui disait-elle sans cesse : « Laissez-moi, monsieur, j'aime! je respecte mon mari ! »

LE MARQUIS, flatté.

Ma femme a dit?...

ANDRÉ.

« Je vous suivrai partout! » criait Richard à moitié fou ; et il parlait de corrompre ses gens, de l'enlever dans sa propre voiture, si elle partait sans vous tout à l'heure... Alors, madame de Verveda vous a écrit pour réclamer votre protection.

LE MARQUIS, à André.

Ah ! ma femme a fait cela !... (André fait signe à Richard de parler à son tour.)

RICHARD.

Oui, monsieur. Alors, moi, j'ai admiré et je me suis repenti! et d'un repentir sincère ! n'est-ce pas, André ?

ANDRÉ.

Ah! Dieu ! il a pleuré !

RICHARD.

Cependant, marquis, si vous l'exigiez, je me tiendrais à vos ordres.

ANDRÉ, bas, au marquis.

Il se ferait tuer !

LE MARQUIS.

Monsieur de Celves, que tout soit oublié !

ANDRÉ.

Bien, marquis, très-bien ! (Il pousse Richard dans les bras du marquis.)

RICHARD, à part.

Quel drôle d'Espagnol ! (Hélène paraît.)

SCÈNE V

LES MÊMES, HÉLÈNE.

(Hélène, qui entrait avec des airs de victime, pousse un cri de surprise, à la
vue de Richard dans les bras du marquis ; valse au fond.)

HÉLÈNE.

Ah !

LE MARQUIS, à Hélène.

Marquise, pardonnez-lui ! (serrant la main de Richard.) Il tiendra son
serment.

HÉLÈNE, à part.

Qu'est-ce que cela veut dire?

ANDRÉ.

Le marquis sait tout, madame, et les persécutions de Richard, et
votre vertu...

LE MARQUIS.

Par le plus grand des hasards, ta lettre est tombée dans le feu;
mais je sais ce qu'elle contenait, grâce aux aveux de...

RICHARD.

Pardonnez-moi, madame, je pars demain !

HÉLÈNE.

Ah ! (A part.) Il part !

RICHARD.

Recevez mes adieux, madame, et plaignez un malheureux qui ne
vous oubliera jamais !

HÉLÈNE, à part.

Ah ! le traître !

LE MARQUIS.

Hélène, mon amie... pour preuve de ton pardon... accorde-lui... cette valse...

HÉLÈNE, sèchement.

Impossible ! Je suis invitée (Elle sort en lançant à Richard et à André un regard de mépris.)

LE MARQUIS, à André.

Ah ! elle est trop sévère aussi !... (Il suit la marquise.)

ANDRÉ.

Ça ne durera pas !

LE MARQUIS.

Je l'espère ! (Appelant.) Marquise ! marquise ! (Il sort derrière elle.)

RICHARD, bas, à André.

C'est égal ! (avec un soupir) c'est dommage ! »

ANDRÉ.

Est-ce que tu veux recommencer ?

RICHARD.

Oh ! non ! (A part.) Mais c'est dommage !

ANDRÉ.

Va, crois-moi, pars demain !

RICHARD.

Pauvre petite marquise !

ANDRÉ.

Bah ! bah ! ce n'est pas sérieux, va. Le dernier des romans qu'elle avait lu lui battait dans le cœur, et tu as passé dans son rêve, voilà tout. Elle oubliera ; étourdis-toi !

RICHARD, gaîment.

J'ai mon moyen.

ANDRÉ.

Lequel ?

RICHARD.

Je vais valser. (Il s'éloigne.)

ANDRÉ.

Qu'est-ce que je disais? haine, amour, jalousie, et cœtera. Tout finit de même, et la vie n'est qu'un long cotillon. (Apercevant Éva.) La comtesse de Ronzoff!

SCÈNE VI

ÉVA, ANDRÉ.

(Éva paraît au fond, souriante et respirant son bouquet.)

ANDRÉ, pendant qu'Éva s'approche, à part.

O sainte Paula! inspirez-moi!...

ÉVA, tendant une invitation à André avec ironie.

« Madame la comtessse de Ronzoff a l'honneur de prier M. André de Fugères de vouloir bien passer la soirée chez elle. » J'ai tenu à réparer mon oubli. (Elle éclate de rire et va à la glace arranger ses cheveux.)

ANDRÉ, après un temps.

Tenez, comtesse, daignez m'entendre! Il y a toujours une sorte de lâcheté à lutter avec une femme. Eh bien!... cette lâcheté-là, ne me forcez pas à la commettre. Vous allez me dire que vous aimez Georges, qu'une rivale même légitime est une ennemie, et que, dans ces guerres de la passion, l'amour inscrit sur son drapeau : « Malheur aux vaincus ! » Et moi, je vous répondrai que la guerre injuste que vous entreprenez n'a pas même pour excuse le fanatisme de la passion.

ÉVA.

Vous croyez?

ANDRÉ.

Non, je le jure! Vous n'aimez pas M. de Limours. Oh! je sais ien qu'il est difficile de le prouver quand on n'a pas en sa puissance le fameux miroir magique, que possédait certain prince indien! Celles qui prétendaient l'aimer se regardaient par son ordre dans le miroir enchanté, et, si elles avaient menti, les belles trompeuses devenaient noires, et, au bout de quelque temps, grâce à la dangereuse épreuve, le prince indien possédait tout un sérail d'Éthiopiennes. Eh bien, franchement, comtesse, si cette glace était quelque peu indienne, est-ce que vous oseriez y mirer ainsi votre beauté, votre jeunesse?

ÉVA, riant toujours.

Savez-vous que vous allez me faire peur! Je ne sais justement d'où me vient la glace que voici. Elle arrivait peut-être tout droit de Singapour! (Se retournant, et avec une feinte frayeur.) Ah! à cette pensée!... (A André.) Franchement, monsieur de Fugères, est-ce que je suis bien changée?

ANDRÉ.

Allons, allons, quand mon cœur parle, c'est votre esprit qui répond. Je vois que Georges est perdu!

ÉVA.

Perdu! Oh! quel grand mot!

ANDRÉ.

Oui, perdu, si je ne trouve pas en moi un accent, une parole capables de fléchir votre orgueil irrité,

ÉVA, après un mouvement.

Après?

ANDRÉ.

Comtesse, je pars demain à onze heures.

ÉVA.

Ah!

ANDRÉ.

Et je voudrais laisser en partant une bonne action derrière moi. Ça porte bonheur à l'étranger.

ÉVA.

Eh bien?

ANDRÉ.

Eh bien, il me semble que, si je pouvais vous décider à quitter
Paris avant moi, la bonne action y serait, et que la Providence me
devrait une bonne traversée. Riez de moi, si vous voulez, mais je
crois en Dieu! On n'est pas parfait!

ÉVA.

S'il en est ainsi, vous pouvez partir en toute confiance; car, en
effet, je serai partie avant vous.

ANDRÉ, avec joie.

Vraiment?

ÉVA.

Oui, mais je ne serai pas partie seule.

ANDRÉ.

Et... qui donc vous aura suivie?

ÉVA, triomphante.

M. de Limours!

ANDRÉ.

M. de Limours? Ah! par exemple! je vous jure bien que non.

ÉVA, se rapprochant de lui.

Mais vous étiez là aujourd'hui cependant, quand j'ai été insultée,
chassée! (Avec une rage sourde.) Oh! ces regards de mépris pèsent
sur moi! ils me dévorent! ils me brûlent! Elle pleure! mais, moi
aussi, j'ai pleuré! ah! de rage, je l'avoue. Seulement, la haine a vite
séché mes larmes. Oh! j'entends encore le bruit que faisait cet or,
en tombant autour de moi!... Ce fut comme un horrible vertige!...
et, depuis ce moment, mon cœur s'est arrêté, je ne le sens plus
battre, je n'en ai plus. Tant pis pour elle! Il faut que je me venge,
et je me vengerai! M. de Limours me suivra!

ANDRÉ, pâle, mais se contenant.

Vous avez revu Georges?

ÉVA.

Mais oui !

ANDRÉ.

Et... il consent ? (Éva hausse les épaules et ne répond rien. Voyons... vous ne ferez pas cela. La comtesse vous a insultée, c'est vrai; mais elle était folle de douleur, de jalousie, et cette douleur lui venait de vous, madame. L'avez-vous donc oublié ?

ÉVA.

Ah ! je ne me souviens que de l'outrage, monsieur !

ANDRÉ.

Mais, si Georges part, vous tuez la comtesse de Limours !

ÉVA.

Ah !... des grands mots, toujours !

ANDRÉ.

Vous tuez le bonheur, l'avenir d'un enfant ! (Éva garde le silence. Éclatant.) Ah ! c'est ainsi ? pas une lueur, pas une étincelle de pitié ? Eh bien, à cette femme qui n'a plus rien, moi, je reste !.. C'est la guerre que vous voulez ?

ÉVA.

Oui.

ANDRÉ.

Eh bien, soit !... Mais prenez garde, madame !... Ma cause est meilleure que la vôtre. Car, encore une fois, vous n'aimez pas. L'amour est une religion, et, pour des amours tels que le vôtre, le ciel est vide. Je savais la conduite que vous deviez suivre, le but que vous vous proposiez. Oui, j'avais tout deviné dans le sourire qui a tordu vos lèvres, le jour où les millions sont entrés chez Georges !...

ÉVA, avec colère.

Monsieur de Fugères ! vous êtes chez moi !

ANDRÉ.

Oh ! vous n'oserez pas me faire chasser. Un duel comme le nôtre ne saurait avoir de témoin... car c'est bien un duel, comtesse; et

voici quelles sont nos armes.... Vous êtes la maîtresse de Georges;
moi, je suis le frère de madame de Limours. Ce qu'il vous faut à
vous, c'est la fortune de Georges; ce qu'il me faut à moi, c'est le
bonheur d'une femme et d'un enfant. Allons! allons! madame, vous
devez être vaincue, car ma cause est meilleure que la vôtre, et, je
vous l'ai dit, je crois en Dieu !

SCÈNE VII.

Les Mêmes, GEORGES, puis GUIBERT.

ANDRÉ, courant à lui.

Georges! (Lui saisissant la main.) Georges! Est-ce vrai * ?

ÉVA, folle de colère.

Monsieur de Limours, cet homme prétend qu'en vous aimant, je n'ai
vu que votre fortune. Aujourd'hui, il y a quelques heures à peine,
la comtesse de Limours m'a déjà... (Elle s'arrête oppressée.) Enfin,
de tous côtés, chez vous, chez moi, partout, c'est l'insulte que je
rencontre. Eh bien, c'est à vous que je viens demander protection !
Maintenant, si, en face de toutes ces haines, votre courage faiblit,
si votre bras me fait défaut, je partirai! Mais, je vous le jure, vous
ne me reverrez jamais !

GEORGES, éperdu.

Éva !

ÉVA.

Si l'amitié de M. de Fugères est plus forte que votre amour, reprenez votre parole, reprenez vos serments! car je veux un entier
dévouement quand je me donne tout entière : hésiter, c'est ne pas
m'aimer! regarder en arrière, c'est me perdre! (Avec éclat.) Par-
tirez-vous?... Vous hésitez?... Adieu!

GEORGES.

Je partirai, Éva, je partirai!

* Éva, Georges, André.

ANDRÉ.

Eh bien, je te dis, moi, que tu ne partiras pas; je te suivrai, je crierai, j'ameuterai les passants, je mettrai le feu à la gare. Enfin, je ne sais pas ce que je ferai, mais tu ne partiras pas !

GEORGES, furieux.

Prends garde, André! je pourrais oublier notre amitié!...

ANDRÉ.

Oublie-la si tu veux; moi, je ne l'oublierai pas! Toi, partir? Et que deviendra donc celle qui porte ton nom, la noble femme abandonnée? Tu lui feras une pension, peut-être? Mais elle te la jettera au visage; les Paula n'acceptent pas l'aumône !

GEORGES.

André !

ANDRÉ.

Parce que les Paula savent aimer; parce que l'amour a ses saintes et ses martyres, comme il a ses bohémiennes chantant pour celui-ci, pour celui-là, et s'en allant chanter pour d'autres, alors que la recette est faite !

ÉVA, dans un paroxysme de rage.

Assez! assez! monsieur de Fugères !

GEORGES, menaçant.

Une dernière fois, prends garde ! car je défends la femme que j'aime !

ANDRÉ.

Et moi, c'est le berceau de Madeleine que je défends !

ÉVA.

Vous voyez bien que vous hésitez! Du reste, je vous comprends, Georges. Écoutez la sagesse de M. de Fugères, et sacrifiez-moi sans crainte et sans remords. Une dernière fois, reprenez votre parole!

GEORGES, éperdu.

Mais, du moins, dites-moi que vous ne partirez pas?

ÉVA.

Eh! que je parte ou que je reste, que vous importe ? Quels liens vous enchaînent à moi ? une fantaisie, Uun caprice que les heures effaceront bien vite. Que suis-je, après tout ? Une femme que l'on a le droit d'insulter même chez elle! Je vous dis adieu, Georges, un adieu éternel! C'est assez de boue jetée sur moi. Adieu !

GEORGES.

Non, non, vous ne partirez pas! Nos liens, ce sont leurs insultes! Vous êtes seule, repoussée de tous, je serais donc un lâche si je vous abandonnais. Je vous suivrai!

ÉVA, après un mouvement de triomphe.

Ah!... (À demi-voix.) Dans deux heures... je partirai... (Appuyant.) Dans deux heures!

GEORGES, fiévreusement.

Et, dans deux heures, vous saurez que je vous aime! (Georges reconduit Éva; pendant ce mouvement, Guibert rentre vivement et va à André.)

GUIBERT.

Monsieur de Fugères! si vous saviez ce que M. de Puitjallon a osé dire... sur madame la comtesse de Limours. Oh! j'en tremble encore!

ANDRÉ.

Parlez, parlez vite! (Guibert lui parle bas.)

GEORGES, redescendant.

Oui, oui, je veux partir !

ANDRÉ, à part.

Oh! c'est infâme !

GEORGES, reprenant.

Je veux partir, et je partirai !

ANDRÉ, avec feu.

Je ne vous retiens plus, monsieur. Seulement, avant de nous séparer pour jamais, comme nous sommes du même monde, mon devoir de gentilhomme est de vous crier : Monsieur de Limours, ici même, dans les salons de votre maîtresse, on outrage votre honneur !

GUIBERT, à André.

Oh! mon ami, prenez garde!

ANDRÉ, continuant.

On dit tout haut que, si madame de Limours vous pardonne vos désordres, c'est qu'elle a, elle aussi, des désordres à se faire pardonner.

GEORGES, bondissant.

Oh!

ANDRÉ.

On dit encore, et c'est M. de Puitjallon qui dit cela! on dit que le duc de Mézeray est son am...

GEORGES, lui mettant la main sur la bouche avec un frémissement de rage.

Tais-toi!... (Suffoqué par la fureur.) Puitjallon!... le... le duc de... et... elle... (Avec un cri épouvantable.) Ah! viens, viens, André!

ANDRÉ.

Allons donc! je te retrouve!

GEORGES, l'entraînant.

Viens... viens donc! (Ils sortent précipitamment.)

SCÈNE VIII

GUIBERT, puis UN DOMESTIQUE, puis PAULA, et enfin TOUS LES PERSONNAGES.

GUIBERT, très-agité.

Ah! mon Dieu!... un duel!... et c'est moi qui ai fait tout cela... c'est moi qui suis cause!... Si encore il pouvait tuer celui-là comme l'autre... mais... qui sait si...?

LE DOMESTIQUE, entrant mystérieusement.

Monsieur Guibert!

GUIBERT.

Qu'est-ce qu'il y a encore? (Le domestique lui parle bas.) Ah! il ne manquait plus que ça!... mon Dieu! mon Dieu! (Perdant la tête.)

Fais entrer... non... si... (Le domestique sort.) Elle! chez l'autre!...
Ah! c'est à perdre la tête! j'avais bien besoin de me mêler de... et
André, André qui m'abandonne! (Appelant d'une voix faible.) André!
(Paula entre se soutenant à peine.)

PAULA.

Monsieur Guibert!

GUIBERT, courant à elle.

Vous, madame! vous ici?

PAULA, d'un air égaré.

Il part!

GUIBERT.

Qui vous a dit?

PAULA.

Personne... Je le sais! je le sens! Il part avec elle!

GUIBERT, très-agité.

Être venue ici... à pareille heure, par ce temps affreux!... vous
la comtesse de Limours!...

PAULA.

Ce n'est plus moi la comtesse de Limours... c'est elle puisqu'il
l'aime!... Moi, je ne suis plus rien! je ne suis même plus la Paula
Pazzi, la chanteuse! mon talent est mort! ma voix est partie!
Voyez-vous, moi, je ne pourrai même pas élever ma fille en tra-
vaillant! Ah! Dieu n'est pas juste! Il m'a tout pris! tout!... Oh!
non, non, Dieu n'est pas juste!...

GUIBERT.

Revenez à vous!...

PAULA, avec une fièvre qui va toujours croissant.

Il part! c'est bien! Mais il ne peut pas partir sans embrasser
Madeleine... parce que... s'il partait sans embrasser sa petite Madeleine... ça lui porterait malheur, allez!

GUIBERT.

Eh bien?

PAULA.

Eh bien, je la lui amène!... Si j'étais venue seule, cette femme m'aurait chassée pour se venger ; mais... avec ma fille dans mes bras... elle n'osera pas!...

GUIBERT, que les larmes suffoquent.

Ma pauvre enfant! ma pauvre enfant!.. mais... enfin... qu'est-ce que vous voulez que je fasse, moi?

PAULA.

Ce que je veux que?... Il est donc parti?

GUIBERT.

Non...

PAULA.

Si... vous pleurez!... C'est qu'il est parti!... (Avec un cri.) Ah! mon Dieu!... s'il avait reconnu la voiture! s'il m'avait pris Madeleine! (S'élançant à la fenêtre, qu'elle ouvre.) La voiture est encore là... C'est égal! courez, monsieur Guibert ; amenez-moi Madeleine... je vous en prie! Allez!... allez!...

GUIBERT, marchant comme un fou.

Oui, oui, je vais la chercher... vous avez raison!... il faut qu'il la voie!... (Se cognant dans la table.) J'ai les yeux pleins de larmes! je n'y vois plus, moi!...

PAULA.

Vous êtes bon!

GUIBERT, s'essuyant les yeux.

Allons, vieil égoïste! sois donc utile à quelque chose... Tu pleureras plus tard!... (Il sort vivement.)

PAULA, seule un instant.

Oh! j'ai pourtant bien prié... depuis un mois!.. Pourquoi nous e prenez-vous, mon Dieu?... Oh! j'ai froid! je frissonne! je meurs! (Se redressant.) Oh! non! non, je ne veux pas mourir! On me la prendrait! Je ne le vois pas!... Où est-il? Où es-tu, Georges? Oh! reviens, reviens avec nous! Nous t'aimons tant! nous t'aimons tant! (Sa voix s'éteint dans les sanglots.)

GUIBERT, reparaissant avec Madeleine dans les bras.

La voilà!

PAULA, s'élançant.

O ma chérie!

GUIBERT.

Oh! elle ne dormait pas! elle avait ses grands yeux ouverts! et elle n'a pas eu peur de moi! elle m'a tendu ses petits bras tout de suite! C'est drôle que tous les enfants m'aiment (Embrassant Madeleine), moi qui n'ai jamais pu les souffrir!

PAULA.

Oh! mon saint amour! tu me restes, toi!... Mais lui, ton père, il nous quitte!... Pardonne-moi de pleurer sur tes petites mains! si je ne pleurais pas, je mourrais, vois-tu! et alors, tu serais orpheline tout à fait... Car il part! (Avec une douleur croissante.) Il nous abandonne toutes les deux! Toutes seules! (Après un temps.) Oh! mais, voyons, est-ce que vraiment je vais le laisser partir? Oh! non! non! ce serait trop lâche!.. n'est-ce pas, n'est-ce pas, Madeleine?.. Non... cette misérable ne me volera pas mon époux, elle ne te volera pas ton père! tu lui tendras tes petits bras, à lui!... et quant à elle!... Oh! qu'elle y prenne garde!... je ne connais plus rien!... je sens que je deviens folle furieuse... Comme autrefois, le sang italien bouillonne dans mes veines! Oh! je le jure! je tuerai cette femme!

MADELEINE, avec un cri.

Mère!

PAULA, répondant par un cri au cri de son enfant.

Ah!

MADELEINE, l'entourant de ses bras.

Mère!... je t'aime!...

PAULA, comme folle, riant et pleurant; à Guibert.

Mais... mais elle parle!

GUIBERT.

Oui... oui...

MADELEINE, avec des larmes.

Je t'aime!

PAULA.

Elle parle! Ma fille parle! (Tombant à genoux.) O mon Dieu! tout à
l'heure... j'ai blasphémé! grâce!... grâce!... (Dévorant sa fille de baisers.) Elle parle! elle parle! (En ce moment, les portes s'ouvrent. A celle
de droite paraissent, M. de Puitjallon et quelques personnes ; à celle de gauche,
le duc de Mézeray et quelques autres.)

TOUS, entrant.

Qu'y a-t-il?

GEORGES, à André.

Ah! les voilà tous deux!

ÉVA, qui entre en ce moment par la porte, premier plan à droite, apercevant madame de Limours ; à part.

La comtesse!

ANDRÉ, bas, à Georges.

Georges! c'est Paula!

GEORGES, bas.

Tant mieux! c'est devant elle que je la vengerai! (Il marche lentement vers Mézeray, et d'une voix calme.) Monsieur le duc, un homme
a calomnié madame la comtesse de Limours. Voulez-vous me faire
l'honneur d'être mon témoin?

MÉZERAY, lui saisissant la main, et avec éclat.

Oh! de grand cœur! ami, de grand cœur!

GEORGES, souriant.

Merci, merci, monsieur le duc! (Allant à Puitjallon et avec une
colère sourde.) Monsieur de Puitjallon, vous avez dit que M. le duc
de Mézeray était l'amant de madame de Limours. Monsieur de Puitjallon, vous en avez menti! (Il va pour lancer son gant à Puitjallon ; Mézeray les sépare.)

PUITJALON, prêt à s'élancer.

Monsieur le comte!...

GEORGES, près de Paula.

Paula, j'étais un fou et un lâche ! C'est moi qui, par mes fautes, ai donné naissance à ces bruits infâmes ! Paula, tu es une sainte ! et je te bénis ! et je t'aime !... Comtesse, devant tous, je vous demande pardon !... (Il tombe à genoux devant Paula.)

PAULA, au milieu de ses larmes et de ses sourires.

Oh ! mon Georges ! (A demi-voix, en lui montrant Madeleine.) Elle parle !

MÉZERAY, bas, à Puitjallon, près de qui il se trouve.

M. de Limours ne peut pas se battre avec vous.

PUITJALLON.

Il ne peut pas se?...

MÉZERAY, lui donnant une carte à jouer.

Pardon !.., une carte que vous avez perdue ! C'est une dame de trèfle.

PUITJALLON, troublé.

Monsieur !

MÉZERAY.

Avec des gens tels que vous, monsieur, on ne peut se battre qu'aux Thermopyles, et c'est si loin !...

PUITJALLON.

Mais...

MÉZERAY, très-insolent.

Assez ! je vous assigne mon château pour prison !... (Il s'incline légèrement et remonte.)

UN DOMESTIQUE, remettant une lettre à Hippolyte.

Pour M. Hippolyte Guibert !

HIPPOLYTE, avec joie

L'écriture de Noémie ! (Après avoir lu et avec un cri grotesque et douloureux.) Ah !...

GUIBERT, ramassant la lettre qu'Hippolyte a laissé échapper, et la lisant.

« Je suis souffrante ! ne venez pas ce soir !...»

HIPPOLYTE, d'un ton piteux.

Toujours le même refrain !

ANDRÉ.

Oui, d'une fausse chanson. La vraie chanson, mon fils !... la voilà !... (Il lui montre Georges, Paula et Madeleine confondus dans un même baiser.)

FIN

Imprimerie de L. TOINON et Cie, à Saint-Germain.